Manual de
Dissuasió Civil Noviolenta

Martí Olivella i Solé

MONTABER

Col·lecció: Crítica y ensayo
Director: David Soler

MANUAL DE DISSUASIÓ CIVIL NOVIOLENTA
1a edició, febrer 2024

Edita: Montaber - Marge Books
Brutau, 160, 1er D - 08203 Sabadell (Barcelona)
Tel. 931 429 486 - montaber@montaber.es
www.montaber.es

Edició: Núria Gibert
Realització tècnica: Mercedes Lara

ISBN edició impresa: 978-84-19109-92-7
ISBN edició digital: 978-84-19109-93-4
Dipòsit Legal: B 3109-2024

El paper emprat en aquest llibre no ha estat blanquejat amb clor elemental (Cl_2).

Manual de
Dissuasió Civil Noviolenta

MONTABER

Manual finalitzat el 10 de desembre de 2023,
en la commemoració del 75è aniversari de la
Declaració Universal dels Drets Humans.

Aquesta edició ha estat possible gràcies a les persones que han fet objecció fiscal el 2022 i el 2023 i han destinat les seves aportacions al projecte Defensa Civil Noviolenta. Els ingressos nets provinents de la distribució del llibre també aniran destinats a donar continuïtat a aquest projecte.

Un agraïment especial a l'equip de l'editorial Montaber per la cura de l'edició, sense la qual aquest Manual no hauria estat accessible.

Aquest manual és accessible en diversos formats:

En paper i llibre electrònic, en la web www.montaber.es.

En format web, en el bloc https://aturemlesguerres.cat/adn-manual-dissuasio-civil.

També ha estat editat en els manuals següents, en format pdf, de manera independent:

1 Una defensa per a cada agressió

2 Com organitzar una AutoDefensa Noviolenta

3 Com entrenar l'acció directa noviolenta

4 Què fer en cas d'una agressió armada

L'autor

Martí Olivella i Solé (Barcelona, 1955) fou membre del primer grup d'objectors al servei militar (1975-1977) on aprengué en la pràctica els elements clau de la lluita noviolenta juntament amb Pepe Beunza. Estigué cinc mesos empresonat al Castell de Sant Ferran (Figueres). El moviment d'objectors aconseguí el reconeixement del dret a l'objecció al servei militar en la nova constitució del 1977. I, gràcies a un milió d'objectors i 50.000 insubmisos, el 2001 s'acabà amb el servei militar obligatori, com a primer pas per a un món sense exèrcits ni guerres. Ara bé, com que part de les causes de les guerres són degudes al sistema polític i econòmic, s'interessà, gràcies a Lluís Maria Xirinacs en l'elaboració de models alternatius de societat a l'entorn d'Agustí Chalaux, en el Centre d'Estudis Joan Bardina i, més tard, a Ecoconcern-Innovació Social. Fou en l'associació Nova-Innovació social on reprengué les propostes d'alternatives als exèrcits: amb les marxes per la Cultura de la Pau, amb el conte *El planeta del foc*, amb el projecte Castell per la Pau i amb els projectes de suport als moviments noviolents d'Iraq, Palestina, Líban... Des de NOVACT (Institut Internacional per la Noviolència Activa), aquest suport s'ha estès a gran part dels moviments noviolents de la riba sud de la Mediterrània. El 2011, en relació amb el moviment dels indignats del 15M i de l'inici del procés català d'autodeterminació va escriure ***Alliberem-nos de la violència i de la passivitat. Guia d'estratègia i acció no-violentes.*** També ha estat oferint formació des d'En peu de pau, i posteriorment des de www.lluitanoviolenta.cat. Ha participat activament en el col·lectiu Pau i Treva i el Seminari Estat de pau, promovent la publicació per part de l'Institut Català Internacional per la Pau (ICIP), de diverses obres de referència sobre alternatives als exèrcits: ***Construir un Estat segur i en pau, La Defensa Civil Noviolenta*** (Gene Sharp), ***Un servei civil noviolent: viabilitat i característiques*** (Rubén Campos) o ***El Antigolpe*** (Gonzalo Arias).

El 30 de gener de 2023 publicà ***AutoDefensa Noviolenta (#ADNcat) en 100 missatges curts i una història increïble,*** traduït al castellà i l'anglès. Un any després, aquest ***Manual de Dissuasió Civil Noviolenta*** dona pistes d'aplicació pràctica de les idees expressades en aquells 100 missatges.

Nota: Trobareu accés a aquests títols i altres materials a:
https://www.equilibra.cat/llibres/
https://lluitanoviolenta.cat/recursos
https://www.icip.cat/ca/noviolencia-i-lluita-per-la-pau/

Contacte: info@lluitanoviolenta.cat

Introducció

Motivació

Si l'escrit ***Alliberem-nos de la violència i de la passivitat. Manual de lluita noviolenta*** va sorgir en relació amb el moviment dels indignats del 15M, el 2011, i del procés català d'autodeterminació el 2012; si el llibre ***AutoDefensa Noviolenta (#ADNcat) en 100 missatges i una història increïble*** sorgí com a resposta a les preguntes que ens posà la guerra a Ucraïna i com a eina per a la campanya www.aturemlesguerres.cat, aquest ***Manual de Dissuasió Civil Noviolenta*** vol contribuir a concretar les propostes plantejades anteriorment, sobretot en el context de la nova fase de la guerra atroç entre Israel i Palestina.

En les sis dècades viscudes hem patit i patim indirectament moltes guerres arreu del món. M'han trasbalsat i, per tant, m'han motivat a declarar-me objector al servei militar i a buscar alternatives als exèrcits. Els humans som més influenciables per allò que ens afecta de prop que per allò que ens cau lluny i, sobretot, pels conflictes que els creadors d'opinió pública, que els grans mitjans, ens escupen a la cara mentre dinem o sopem. Continuem patint més de trenta conflictes armats en el món, continuem acceptant passivament que s'assassinin i es mutilin milers de persones, entre elles, milers d'infants. Però quan la guerra a Ucraïna envaeix els nostres sentiments, quan el drama i trauma infinit que viu la població a Israel, Gaza i Cisjordània ens ataca amb crueltats i atrocitats impensables, aleshores ens sentim impotents, però no volem sentir-nos vençuts, ni passius, ni còmplices. I no ens oblidem de les guerres i dels infants morts o mutilats a l'Afganistan, al Sàhara Occidental, a Síria, al Kurdistan, al Iemen, Etiòpia, Sudan... i ofegats a la Mediterrània. És una vergonya que continuem acceptant uns governs i unes empreses que ens fan creure que les guerres resoldran els conflictes i els traumes, sense provocar-ne més!

La petita contribució, per si algun dia pot ajudar algú a sortir d'aquestes infernals espirals de violència, de terror, de destrucció, de mutilació... és indicar que hi ha altres vies a la de la destrucció mútua assegurada. Vies per "relativitzar" la veritat absoluta de cada part, per crear espais d'escolta de les necessitats insatisfetes de cadascú, per buscar equilibris on tothom senti els seus drets més respectats i per defensar-nos legítimament sense haver de matar, sense haver d'agredir. Cal evitar que la nostra defensa sigui la justificació d'un atac a l'adversari, que al seu torn, activarà el seu dret a la defensa assassina contra nosaltres, fins a mai no acabar.

Aquestes vies, tal com anem, potser no s'estendran a temps abans que un col·lapse i un extermini generalitzat deixi a la humanitat, o a una gran part d'ella, en el límit de la supervivència, com ja l'estan patint milions de persones arreu del món. No tinc capacitat per aturar les guerres entre Estats que una colla de psicòpates –sense cap empatia pel patiment dels altres– atien per mantenir el seu poder, ambició i arrogància sense mesura; tampoc per activar les majories silencioses còmplices, manipulades o convençudes que la defensa armada és legítima i necessària. Però sí em sento responsable de compartir aquestes vies noviolentes que la vida m'ha fet conèixer i, en petita mesura, experimentar.

Per que, si no optem per la via **no**violenta, vol dir que optem per la violenta?

Objectiu

En el llibre ***AutoDefensa Noviolenta (#ADNcat) en 100 missatges i una història increïble*** es recullen les idees i experiències principals que fonamenten una alternativa a la defensa militar armada. Però, com és normal en un tema tan nou, sorgeixen preguntes sobre com aplicar-la en diferents escenaris, com generar les agrupacions ADN, com millorar l'acció noviolenta i què podem fer en concret en cas d'una agressió (invasió, ocupació) armada. Per això presentem aquest manual de quatre apartats, que es poden llegir com quatre manuals per separat i en l'ordre en què cadascú li sembli més adient.*

1. Una defensa per a cada agressió

Es presenten alguns elements introductoris per poder identificar el context i les característiques propis de cada conflicte que pot convertir-se en conflicte armat, en funció del tipus d'agressió armada i del tipus de defensa violenta (guerra) o noviolenta.

2. Com organitzar una AutoDefensa Noviolenta

Ofereix alguns elements pràctics per crear i organitzar una agrupació d'AutoDefensa Noviolenta, i la seva articulació en xarxa.

3. Com entrenar l'acció directa noviolenta

Es proposen tècniques d'acció directa noviolenta i d'organització de serveis d'ordre en concentracions perquè els col·lectius interessats puguin adaptar-les, entrenar-les i aplicar-les.

4. Què fer en cas d'una agressió armada

Es recopilen i endrecen estratègies, tàctiques i tècniques noviolentes aplicades en experiències de resistència per enfrontar invasions i ocupacions armades.

---

* Addicionalment aquests manuals han estat editats de manera independent al bloc https://aturemlesguerres.cat/adn-manual-dissuasio-civil i a la web www.montaber.es.

Contingut

Manual de
Dissuasió Civil Noviolenta

1

Una defensa per a cada agressió

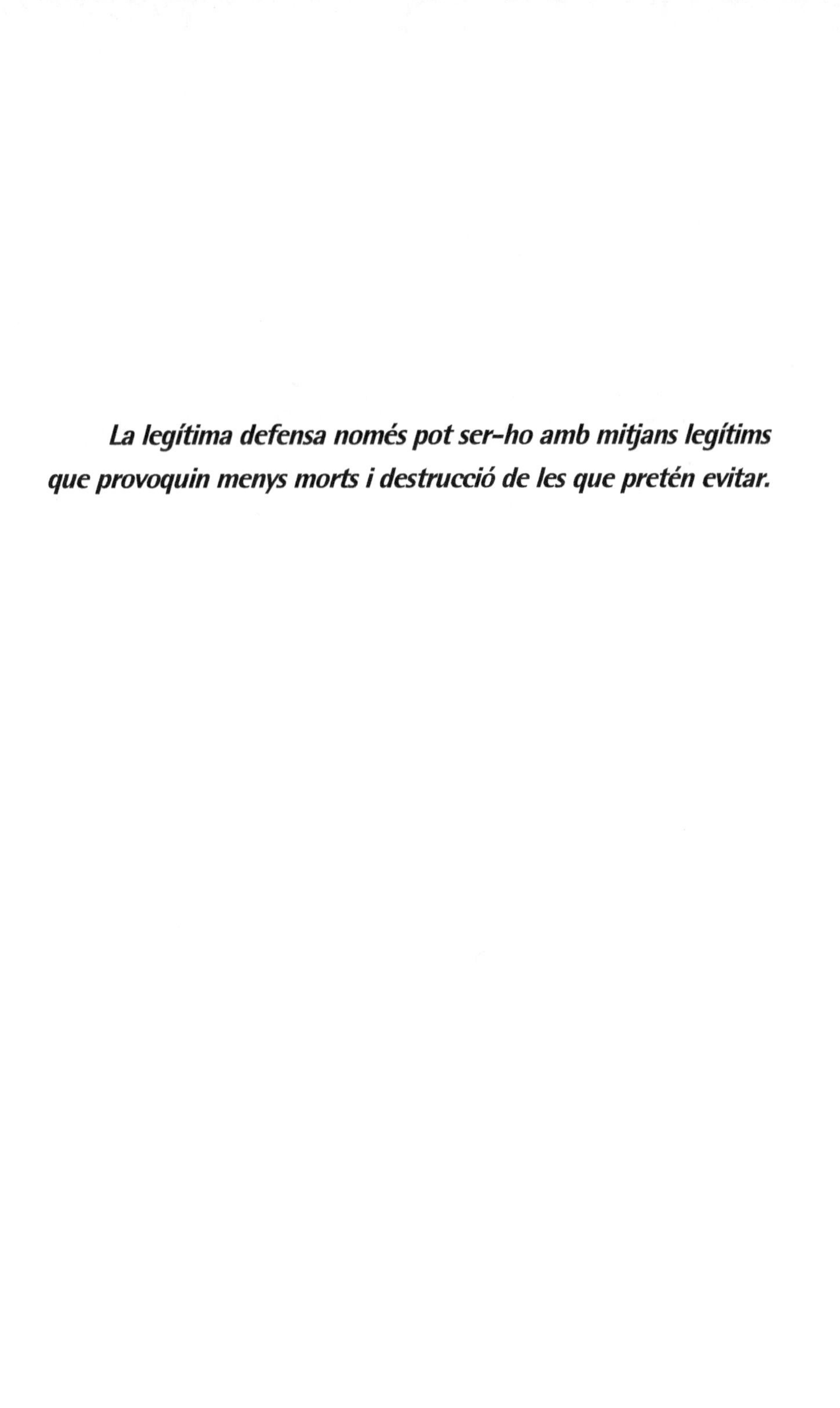

La legítima defensa només pot ser-ho amb mitjans legítims que provoquin menys morts i destrucció de les que pretén evitar.

No pot ser, no m'ho puc creure

Visquérem uns anys d'esperança
en què "tot estava per fer i tot era possible",
nous règims oberts, dividends de la pau,
repensàvem la societat, "un altre món era possible".

Però, com si encadenats a cicles tempestuosos
alguns cenacles decidiren cultivar les crisis i les guerres,
i amb les noves trones en les seves mans
predicaren filies i fòbies, amenaces i enemics.

I així estem, ara patint estretors i pandèmies,
invasions i genocidis, arrapats a terra,
atrapats a les pors que ens tenallen
i ens fan esclaus dels desitjos impossibles.

No pot ser, no m'ho puc creure,
que hàgim de viure de nou sota el terror
provocat per quatre psicòpates ignorants
que volen viure moments efímers de glòria.

12/11/2023

Aquest apartat presenta alguns elements introductoris per poder identificar el context i les característiques propis de cada conflicte que pot convertir-se en conflicte armat, en funció del tipus d'agressió armada i del tipus de defensa violenta (guerra) o noviolenta.

Què vol dir defensar la població i el territori?

Defensar-nos davant una agressió armada ha de voler dir ser efectius per evitar o reduir al màxim el nombre víctimes (ferides, mutilades, violades, mortes...) i evitar la destrucció dels hàbitats naturals, culturals, socials, econòmics i polítics.

No sembla que aquesta sigui la funció de la defensa espanyola. *"Las Fuerzas Armadas reguladas en el art. 8 de la Constitución tienen como función* ***garantizar la soberanía y la***

independencia de España, su integridad territorial y el ordenamiento constitucional."

En cap cas tenen en compte la protecció de la població ni del seus hàbitats, només de garantir conceptes abstractes pels quals, arribat el cas, ja està implícit que cal sacrificar les persones i els seus medis i mitjans de vida.

Per què no ho aconsegueix la defensa militar?

La defensa militar no aconsegueix la protecció de la vida perquè té l'arrogància de considerar que els conflictes es poden enfrontar i resoldre amb una capacitat destructiva més atroç que la de l'enemic, malgrat o gràcies a que la "victòria" militar estigui sembrada de morts i destrucció. La defensa militar sembra la llavor de l'odi i de la següent revenja entre les poblacions que han patit la guerra i les seves terribles i duradores conseqüències.

Quines agressions, invasions o ocupacions pateix avui una societat europea?

La majoria d'agressions, invasions o ocupacions no són d'àmbit militar, ho són dels àmbits alimentari, ecològic, cultural, econòmic, sanitari, polític, financer... i per tant, la costosa defensa militar és incapaç d'actuar contra aquest tipus d'agressions. Però, fins i tot, quan l'agressió es produeix en l'àmbit militar —com a Ucraïna, Israel, Palestina...—, la defensa militar tampoc sembla efectiva, doncs provoca més danys dels que hauria d'evitar.

Quines produeixen més víctimes i més destrucció dels hàbitats?

L'estil de vida resultant d'aquestes agressions en els àmbits alimentari, ecològic, cultural, econòmic, sanitari, polític, financer... provoca moltes víctimes "invisibilitzades": milers, milions de víctimes per contaminacions diverses, per onades de calor, pel canvi climàtic, per manca de seguretat laboral, per accidents en carreteres, per pèrdua de diversitat natural i cultural, per estrès i ansietat, per addiccions de tota mena (legals i il·legals), per violència de gènere, per fàrmacs legals... Aquestes i altres agressions provoquen milers de persones mortes i malaltes, de vides desgraciades... I de totes aquestes agressions qui ens en defensa? Les forces armades no sols no ho fan sinó que empitjoren els resultats de les agressions en acaparar una part dels fons, dels recursos i dels pressupostos que les podrien evitar o pal·liar.

Diferents tipus de defensa

La defensa pot adoptar diferents maneres de manifestar-se. Destacarem aquí quatre formes de defensa que engloben el conjunt: la dissuasió, el desarmament, la resistència i, per últim però no menys important, la generació d'alternatives.

1. **Dissuasió:** és un sistema defensiu que adverteix al potencial agressor que no podrà aconseguir els seus objectius amb un cost inferior als guanys que pensa obtenir.

    - **Dissuasió nuclear:** la resposta pot ser tan destructiva —per a totes les parts— que pretén desactivar qualsevol agressió, però el seu perill, fins i tot per accident, és tan enorme que no podem confiar en ella ni el present ni el futur de la humanitat.

    - **Dissuasió militar:** la capacitat militar de destrucció de l'agressor en la defensa del territori i/o de contraatac al territori de l'agressor pretén desactivar qualsevol agressió. L'agressor pensa el mateix... i així comencen les guerres, és a dir, quan la dissuasió bèl·lica fracassa.

    - **Dissuasió penal:** La Cort Penal Internacional, instituïda en l'Estatut de Roma (1998), vol dissuadir de cometre, en la mesura que no deixi impune, *els crims de la competència de la Cort que no prescriuran (Art. 29.)* que són els *crims més greus de transcendència per a la comunitat internacional en el seu conjunt* (segons l'article 5.1): ***Crims de genocidi, de lesa humanitat i de guerra*** (vegeu l'Annex).

- **Dissuasió noviolenta:** la capacitat civil ben organitzada –i si pot ser també governamental– de diàleg aclaridor amb l'enemic, de no cooperació i de desobediència totals, d'obstrucció a imposicions polítiques, socials, culturals, econòmiques... pretén desactivar i desincentivar qualsevol agressió, pels alts costos militars, morals, polítics, de reputació... i pocs guanys econòmics i de tota mena que li podrien suposar a l'agressor mantenir la invasió.

2. **Desarmament:** procés polític de suprimir o reduir dràsticament l'ús d'armes "enteses com un estri, eina, útil o dispositiu concebut per neutralitzar, ferir o matar éssers vius, o per a destruir edificis, natura o objectes". Una arma és, per tant, un dispositiu que amplia la direcció i la magnitud d'una força.

En el marc dels **conflictes armats** es distingeixen:

- **Armes no convencionals** (químiques, nuclears i biològiques), anomenades armes de destrucció massiva.

- **Armes convencionals** (totes les altres).

En el marc dels **altres conflictes** en podem distingir un ampli ventall:

- Armes **mecàniques** o **contaminants,** que destrueixen la natura, el territori...
- Armes **culturals,** que destrueixen llengües, valors i coneixements vitals...
- Armes **polítiques,** que destrueixen el poder i la participació ciutadana...
- Armes **econòmiques,** que destrueixen l'equitat i la capacitat de supervivència...
- Armes **jurídiques,** que destrueixen drets i llibertats...
- Armes **químiques, alimentàries o farmacèutiques,** que destrueixen la salut i la vida.

3. **Resistència:** quan la dissuasió i el desarmament no aconsegueixen evitar l'agressió, aquesta es veu confrontada a un conjunt d'accions espontànies o organitzades per fer-hi front fins aconseguir aturar-la, o, almenys, a intentar-ho:

- **Resistència violenta:** normalment amb armes convencionals –i no convencionals– i les tècniques que li són pròpies.

- **Resistència noviolenta:** normalment amb les armes de la lluita noviolenta i les tècniques que li són pròpies.

4. **Generació d'alternatives:** en qualsevol dels altres tipus de defensa, es tracta de generar i gestionar capacitats, organitzacions, xarxes... per poder viure més enllà de l'agressió o de la invasió o ocupació resultants:

- Alternatives a la **defensa militar violenta.**
- Alternatives a la **dependència econòmica.**
- Alternatives a la **destrucció natural i ambiental.**
- Alternatives a **l'organització política oficial.**
- Alternatives als **mitjans de comunicació habituals.**
- Alternatives a la **imposició cultural o lingüística.**

Quant a possibles formes d'organització per a la defensa noviolenta, veiem alguns exemples de col·lectius de defensa que ja actuen:

- Agrupacions de Defensa Forestal (ADF).
- Agrupacions de Defensa-Protecció Civil.
- Agrupacions de Defensa de l'Aigua.
- Agrupacions de Defensa de la Terra.
- Agrupacions de Defensa contra el Canvi Climàtic.
- Agrupacions de Defensa contra el Patriarcat.
- Agrupacions de Defensa de Drets i llibertats.
- Agrupacions de Defensa de la Corrupció.
- Agrupacions de Defensa de la Llengüa i la Cultura.
- Agrupacions de Defensa de la Salut.

- Agrupacions de Defensa del dret a l'habitatge.
- Agrupacions de Defensa Social.
- Agrupacions de Defensa Territorial.
- Agrupacions de Defensa Nacional.
- Agrupacions de Defensa Noviolenta (ADN) (clarament no armades ni militars):

  – Territorials (local, comarcal...).
  – Sectorials (professional...).
  – Temàtiques (transversals).

Motivacions de la cultura de guerra i de la cultura de pau

Per què hi ha morts que ens impacten molt i d'altres no tant? Els mitjans de manipulació (no hi ha informació objectiva) distingeixen i creen dos tipus de mort:

- **La mort dramàtica**, descrita amb detall, personalitzada, que busca el xoc emocional i el posicionament a favor o en contra d'algú.
- **La mort intangible**, numèrica, estadística, freda, despersonalitzada, sense xoc emocional que suscita una resposta conscient o bé afavoreix el fatalisme.

El mitjans de comunicació també destaquen fets o els arraconen en funció dels interessos dels ens que en són propietaris, de la ideologia dels seus equips de redacció, de la saturació que les notícies produeixen en l'*audiència*, que li fan decaure l'interès... o de la solidaritat.

La cultura de guerra

També cal esbrinar quines són les motivacions "populars", sovint profundes i poc conscients, per a l'agressió o per a justificar-la, que configuren la base de la **(in)cultura de guerra:**

- **Ràbia i venjança.**
  L'agressió, l'opressió permanent que pateixo o l'acte de violència, d'injustícia, de doble mesura... que m'afecta em produeix una ràbia, un odi que clama venjança! Però quants més actes de venjança provoco més odi i més violència genero en l'adversari. "Ni oblit ni perdó!"

- **Que l'altre pateixi i s'adoni com ens fa patir.**
  Com que sembla que l'agressor no s'adona del patiment que m'està infringint –perquè si se n'adonés no l'infringiria–, l'agrediré en legítima defensa, perquè senti en la seva carn el dany que m'està fent. I si mato o mutilo els seus infants, menys enemics tindré en el futur. "Així sabrà el que és bo!".

- **Si te la foten els hi has de fotre.**
  Si t'agredeixen, t'has de defensar, és a dir, t'hi has de tornar per evitar que continuï l'agressió. "Qui la fa la paga", "Ull per ull".

- **Amenaçar de fer, o causar-li, tants danys fins que l'altre és rendeixi.**
  La millor defensa vol ser dissuasiva: he de tenir una capacitat de destrucció de l'altre que aquest ni tant sols es plantegi o s'atreveixi a atacar-me, i si ho fa, s'hagi d'aturar pel dany que li provoco. "Si vols la pau, prepara la guerra!"

La cultura de pau

Veiem ara algunes de les motivacions, profundes però conscients, per evitar l'agressió o per a defensar-se d'agressions, que configuren la **cultura de pau:**

- **No esdevenir pitjor de qui t'agredeix.**
  La ràbia i la indignació són una energia que ens mou, que ens treu de la indiferència i la passivitat. La podem canalitzar per transformar l'agressió rebuda en oportunitat per entendre el conflicte i per buscar-hi altres respostes que no ens faci pitjors que l'agressor. "Ni oblit ni rancor!"

- **Evitar tornar dany per dany.**

  Suscitar empatia tot mostrant el sofriment patit però renunciant a l'espiral de violència. Una injustícia no és combat ni es repara amb una altra injustícia. "Ull per ull, tots cecs!"

- **Si te la foten, prepara't per protegir-te sense haver de fotre l'agressor.**

  Les agressions militars no s'improvisen, es preparen amb temps. La protecció noviolenta, també. Fins i tot si no hi ha amenaces, una cultura de la protecció i de l'autodefensa noviolenta en ella mateixa ja apodera i cohesiona les societats.

- **Dissuadir l'agressor en mostrar-li que no treurà cap profit superior al cost de l'agressió.**

  Si la dissuasió és clau, cal buscar quina pot ser la millor, la més efectiva. Excepte quan l'agressor busca el genocidi o l'extermini de l'agredit, en general l'agressor busca espoliar, explotar, treure profit de la societat que està agredint, envaint o ocupant. En aquest cas, la millor dissuasió serà la dissuasió civil (la militar acostuma a ser entesa com amenaça a la seguretat de l'altre), és a dir, la d'una organització de la societat que, fermament determinada a no cooperar ni obeir l'invasor, l'adverteixi que no en podrà treure cap profit.

L'agressió exterior i interior

L'agressió exterior

El tipus d'agressió exterior és determinant de la resposta i dels següents passos.

Com hem vist, la intenció de l'agressor condiciona el tipus de resposta. També la condiciona el marc internacional en el que es produeix l'agressió: si és favorable o contrària als interessos de les potències hegemòniques, si és un conflicte "vicari" en què les potències es fan la guerra indirectament, en tercers països, proveint-los d'armes i ajuda.

- **Si l'agressió busca l'ocupació i l'explotació:**

  – Cal desarmar la legitimació "salvadora" de l'agressió, buscar estratègies d'apropar-se i poder parlar amb els membres de les forces agressores i no amenaçar la seva integritat personal.
  – Cal organitzar la denúncia, la no cooperació, la desobediència i la creació d'alternatives.

- **Si l'agressió busca la destrucció total, l'extermini o el genocidi:**

  – Cal desarmar la legitimació "supremacista" dels agressors (societat i tropes), parlar amb els membres de les forces agressores i no amenaçar la seva integritat personal.

- Cal documentar les atrocitats per poder denunciar els objectius criminals, sobretot en el marc internacional i denunciar els responsables de les violacions del dret humanitari.
- Cal organitzar la protecció, i si cal la fuga massiva, en patir les atrocitats provocades per l'agressor, en espera de canviar la correlació de forces.
- Cal no fer cap acte que pugui fer titllar de "terrorista" al defensor, sobretot si qui el fa no te capacitat de dissuadir la resposta armada de l'adversari, que el voldrà exterminar en nom de la "legítima defensa".

- **Si l'agressió busca la cohesió interna de la societat agressora:**

  - Cal desarmar la legitimació "salvadora" de l'agressió, parlar amb els membres de les forces agressores i no amenaçar la seva integritat personal, i sobretot, parlar amb la població de la societat agressora i coordinar-s'hi per afeblir el govern agressor.
  - Cal donar suport als moviments interns contra el règim que enganya la gent per intentar aturar la doble agressió: interna i externa.

L'agressió interior

El tipus d'agressió interior també és un factor determinant de la resposta noviolenta i dels següents passos.

- **Si l'agressió és de l'Estat contra la població defensora de drets i llibertats:**
  Davant un règim autocràtic, autoritari, repressor, despòtic... la població ha d'organitzar la resistència civil noviolenta per frenar la deriva del govern o per canviar-lo. Una estratègia conjunta dels diferents moviments i sectors socials que portin a la denúncia, la no cooperació i la desobediència, serà determinant.

- **Si l'agressió busca enderrocar per les armes un sistema democràtic (cop d'estat):**
  Davant un cop d'estat per part de sectors conservadors que mobilitzen les forces armades per acabar amb el règim democràtic i així imposar un sistema autoritari i despòtic, la població ha de protegir-se de la repressió i alhora ha d'organitzar la resistència civil noviolenta, per evitar que el cop triomfi o que es s'imposi i es legitimi.

- **Si l'agressió busca imposar per les armes un canvi de sistema (insurrecció):**
  Davant l'aixecament armat d'una organització política que vol imposar un canvi de règim degut a la "corrupció" del

règim actual, cal aprendre de la història i ubicar la revolució armada en el context de la globalització actual. Els perills de guerra civil són enormes, l'estar fent el joc a una potència estrangera, també. La dependència de qui proveeix les armes tindrà un preu, en deutes impagables i en submissió a les seves polítiques.

L'agressió a diferents tipus de societats

La resposta noviolenta a l'agressió pot variar en diferents models o tipus de societats:

- **Societats formalment democràtiques**

  - El dret de diàleg i de denúncia –expressió, manifestació...– estan regulats i el seu exercici no comporta cap perill per a l'estabilitat del sistema que tendeix a menystenir, invisibilitza o minimitzar aquest tipus d'accions quan es porten a terme.
  - Quan la mobilització, la protesta pren una certa volada incontrolable, aleshores l'Estat imposa noves normes que limiten l'exercici dels drets... i mostra el seu caràcter autoritari real.
  - En aquests marcs formals, els canvis poden requerir altres passos de la lluita noviolenta –no cooperació,

desobediència– que comportin costos a l'Estat o als grups que el mantenen fins aconseguir modificar la relació de poder.

– Per a la defensa d'agressions exteriors, aquest tipus de societat amb deficient cohesió social per manca d'exercici de drets i amb poca equitat socioeconòmica, no està ben situada per organitzar "sistemes oficials de defensa noviolenta". Bàsicament haurà d'apostar per una autodefensa civil noviolenta en paral·lel o en contra del sistema de defensa armada impulsat per l'Estat.

- **Societats realment democràtiques**

– Pràcticament inexistents, permeten i, fins i tot, fomenten l'expressió dels conflictes com a via per millorar el funcionament de la societat, tot donant veus a les minories perquè puguin tenir opció a ser respectades com a tals o a ser majories en un futur.

– L'exercici de drets és fonamental. També s'accepten els diferents passos de la lluita noviolenta per combatre, més enllà dels procediments formals, les inevitables situacions de privilegis i de corrupció que tota societat comporta.

– Per a la defensa d'agressions exteriors aquest tipus de societat amb alta cohesió social basada en l'exercici de drets i l'equitat socioeconòmica, està molt ben situada per organitzar sistemes de defensa noviolenta, alhora civils i oficials.

- **Societats clarament autoritàries i despòtiques**

  – Molt nombroses en el món, malgrat s'anomenin democràcies o repúbliques... Mantenen un control dels tres poders, sense independència real entre ells, i estan en mans d'oligarquies nacionals o estrangeres.
  – Per a la defensa d'agressions exteriors, aquest tipus de societat amb nul·la cohesió social, amb repressió dels drets i grans desequilibris socioeconomics, i amb unes forces armades que estan dirigides a mantenir el règim contra amenaces interiors i exteriors, reprimirà qualsevol intent d'organitzar una Autodefensa Civil Noviolenta, vista com una amenaça interior i un qüestionament de les seves forces armades.

Més enllà dels tres tipus bàsics que hem enumerat, aquests poden combinar-se amb altres característiques rellevants de les societats que influiran en les diverses formes de defensa noviolenta:

- **Multiculturals i amb poca cohesió social**
  Poden haver-hi societats multiculturals que han creat llaços de respecte i complementarietat intercultural. Però, també n'hi ha que no han fet aquest procés i la societat té

poca cohesió social, no sols pels grans desequilibris socioeconòmics que l'afecten sinó també perquè és una amalgama d'individus desarrelats, de comunitats tancades i amb poca comunicació entre elles, amb processos de marginació, d'exclusió, de racisme, de xenofòbia... En aquestes societats no és fàcil que floreixi el sentiment de defensa d'un bé comú poc experimentable en la vida de la gent. Per tant, la defensa en general i la defensa civil noviolenta en particular, tindran dificultats per organitzar-se. S'aplicaria aquell famós eslògan d'ICONA: *"Cuando un bosque se quema, algo suyo se quema..."*, i parodiant, s'hi afegia *"...señor conde"*, en referència a que la gent no sentia que el bosc del *"señor conde"* fos un bé comú a defensar per la resta del poble.

- **Altament digitalitzades**

  A diferència dels exemples clàssics de resistència civil (Dinamarca, 1943; Txecoslovàquia, 1968; Països Bàltics, 1991) que eren societats culturalment bastant homogènies i que no disposaven de les tecnologies de la informació i la comunicació (TIC) de l'era digital, ara hem de saber com aquestes tecnologies i la intel·ligència artificial condicionen les formes de lluita noviolenta clàssiques, sigui per afavorir la mobilització sigui per dificultar-la. Cal veure amb detall les noves oportunitats i les noves amenaces que suposen.

Annex. Crims de genocidi, crims de lesa humanitat i crims de guerra

Estatut de Roma de la Cort Penal Internacional, 1998 [extractes]
https://www.boe.es/eli/es/ai/1998/07/17/(1)

Art 6. Els crims de genocidi: qualsevol dels actes esmentats a continuació, perpetrats amb la intenció de destruir totalment o parcial un grup nacional, ètnic, racial o religiós com a tal:

a) Matança de membres del grup.
b) Lesió greu a la integritat física o mental dels membres del grup.
c) Submissió intencional del grup a condicions d'existència que hagin de portar la seva destrucció física, total o parcial.
d) Mesures destinades a impedir naixements al si del grup.
e) Trasllat per la força de nens del grup a un altre grup.

Art. 7. Els crims de lesa humanitat: qualsevol dels actes següents quan es cometi com a part d'un atac generalitzat o sistemàtic contra una població civil i amb coneixement de l'atac esmentat:

a) Assassinat.
b) Extermini.
c) Esclavatge.
d) Deportació o trasllat forçós de població.
e) Empresonament o una altra privació greu de la llibertat física en violació de normes fonamentals de dret internacional.
f) Tortura.
g) Violació, esclavatge sexual, prostitució forçada, embaràs forçat, esterilització forçada o qualsevol altra forma de violència sexual de gravetat comparable.
h) Persecució d'un grup o col·lectivitat amb identitat pròpia fundada en motius polítics, racials, nacionals, ètnics, culturals, religiosos, de gènere definit en el paràgraf 3, o altres motius universalment reconeguts com a inacceptables d'acord amb el dret internacional, en connexió amb qualsevol acte esmentat en aquest paràgraf o amb qualsevol crim de la competència del Tribunal.
i) Desaparició forçada de persones.
j) El crim d'apartheid.
k) Altres actes inhumans de caràcter similar que causin intencionalment grans sofriments o atemptin greument contra la integritat física o la salut mental o física.

Art. 8. Els crims de guerra:

a) Infraccions greus dels convenis de Ginebra de 12 d'agost de 1949, a saber, qualsevol dels següents actes contra persones o béns protegits per les disposicions del Conveni de Ginebra pertinent:

i) L'homicidi intencional.
ii) La tortura o els tractes inhumans, inclosos els experiments biològics.
iii) El fet de causar deliberadament grans sofriments o d'atemptar greument contra la integritat física o la salut.
iv) La destrucció i l'apropiació de béns, no justificades per necessitats militars i efectuades a gran escala, il·lícitament i arbitràriament.
v) El fet de forçar un presoner de guerra o altres persones protegides a servir a les forces d'una potència enemiga.
vi) El fet de privar deliberadament un presoner de guerra o una altra persona protegida del seu dret a ser jutjat legítimament i imparcialment.
vii) La deportació o el trasllat il·legal, o el confinament il·legal.
viii) La presa d'ostatges.

b) Altres violacions greus de les lleis i usos aplicables en els conflictes armats internacionals dins del marc establert de dret internacional, a saber, qualsevol dels actes següents:

i) Dirigir intencionalment atacs contra la població civil com a tal o contra persones civils que no participin directament en les hostilitats.
ii) Dirigir intencionalment atacs contra béns civils, és a dir, béns que no són objectius militars.
iii) Dirigir intencionalment atacs contra personal, instal·lacions, material, unitats o vehicles participants en una missió de manteniment de la pau o d'assistència humanitària de conformitat amb la Carta de les Nacions Unides, sempre que tinguin dret a la protecció atorgada a civils o béns civils d'acord amb el dret internacional dels conflictes armats.
iv) Llançar un atac intencionalment, sabent que causarà pèrdues incidentals de vides, lesions a civils o danys a béns de caràcter civil o danys extensos, duradors i greus al medi ambient natural que serien manifestament excessius en relació amb l'avantatge militar concret indirecte de conjunt que es prevegi.
v) Atacar o bombardejar, per qualsevol mitjà, ciutats, llogarrets, habitatges o edificis que no estiguin defensats i que no siguin objectius militars.

- vi) Causar la mort o lesions a un combatent que hagi deposat les armes o que, perquè no té mitjans per defensar-se, s'hagi rendit a discreció.
- vii) Utilitzar de manera indeguda la bandera blanca, la bandera nacional o les insígnies militars o l'uniforme de l'enemic o de les Nacions Unides, així com els emblemes distintius dels convenis de Ginebra, i causar així la mort o lesions greus.
- viii) El trasllat, directament o indirectament, per la potència ocupant de part de la seva població civil al territori que ocupa o la deportació o el trasllat de la totalitat o part de la població del territori ocupat, dins o fora d'aquest territori.
- ix) Dirigir intencionalment atacs contra edificis dedicats a la religió, l'educació, les arts, les ciències o la beneficència, els monuments històrics, els hospitals i els llocs en què s'agrupen malalts i ferits, sempre que no siguin objectius militars.
- x) Sotmetre persones que estiguin en poder d'una part adversa a mutilacions físiques o a experiments mèdics o científics de qualsevol tipus que no estiguin justificats per raó d'un tractament mèdic, dental o hospitalari, ni es duguin a terme per al seu interès, i que causin la mort o posin greument en perill la seva salut.

- xi) Matar o ferir a traïció persones pertanyents a la nació o a l'exèrcit enemic.
- xii) Declarar que serà una lluita sense quarter o sense presoners (sense clemència en cas de rendició).
- xiii) Destruir o apoderar-se de béns de l'enemic, llevat que les necessitats de la guerra ho facin imperatiu.
- xiv) Declarar abolits, suspesos o inadmissibles davant d'un tribunal els drets i les accions dels nacionals de la part enemiga.
- xv) Obligar els nacionals de la part enemiga a participar en operacions bèl·liques dirigides contra el seu propi país, encara que haguessin estat al servei del bel·ligerant abans de l'inici de la guerra.
- xvi) Saquejar una ciutat o una plaça, fins i tot quan és presa per assalt.
- xvii) Fer servir metzina o armes emmetzinades.
- xviii) Fer servir gasos asfixiants, tòxics o similars o qualsevol líquid, material o dispositiu anàlegs.
- xix) Fer servir bales que s'eixamplen o s'aixafen fàcilment al cos humà, com són les bales de camisa dura que no recobreixi totalment la part interior o que tingui incisions.
- xx) Fer servir armes, projectils, materials i mètodes de guerra que, per la seva pròpia naturalesa, causin danys superflus o sofriments innecessaris o tinguin efectes indiscriminats en violació del dret

internacional dels conflictes armats, a condició que aquelles armes o aquells projectils, materials o mètodes de guerra, siguin objecte d'una prohibició completa i estiguin inclosos en un annex d'aquest Estatut en virtut d'una esmena aprovada de conformitat amb les disposicions que, sobre el particular, figuren en els articles 121 i 123.

xxi) Cometre atemptats contra la dignitat personal; especialment els tractes humiliants i degradants.

xxii) Cometre actes de violació, esclavatge sexual, prostitució forçada, embaràs forçat, que defineix l'apartat f) del paràgraf 2 de l'article 7, esterilització forçada i qualsevol altra forma de violència sexual que també constitueixi una infracció greu dels convenis de Ginebra.

xxiii) Utilitzar la presència d'una persona civil o una altra persona protegida per posar certs punts, zones o forces militars a cobert d'operacions militars.

xxiv) Dirigir intencionalment atacs contra edificis, material, unitats i mitjans de transport sanitaris, i contra personal que utilitzi els emblemes distintius dels convenis de Ginebra de conformitat amb el dret internacional.

xxv) Fer patir intencionalment gana a la població civil com a mètode de fer la guerra, privant-la dels objectes indispensables per a la seva supervivència, inclosos el fet d'obstaculitzar intencionalment els subministraments de socors de conformitat amb els convenis de Ginebra.

xxvi) Reclutar o allistar nens menors de quinze anys en les forces armades nacionals o utilitzar-los per participar activament en les hostilitats.

2

Com organitzar una AutoDefensa Noviolenta

Com tot sistema de defensa, l'AutoDefensa Noviolenta
s'ha d'organitzar, entrenar i demostrar.
Només serà dissuasiva si el possible agressor percep
la força de la seva no cooperació total.

Una societat molt malalta! Terminal?

Patim malaltia mental molt greu,
malaltia emocional, anímica, corporal
i no ens n'adonem, distrets i entretinguts
amb futileses consumistes i partidistes;
talment psicòpates sense empatia!

Només això pot explicar l'apatia,
el silenci i la complicitat davant
els immigrants que ofeguem,
les poblacions que bombardegem,
els defensors de drets que torturem,
les dones que vexem i assassinem,
els infants i joves que programem
amb violència pornogràfica i vídeo lúdica,
els civils i els soldats que ferim,
violem, mutilem i matem,
els pobles originaris que exterminem,
la natura i el planeta que malmetem...

I quan fem aquestes atrocitats?

Tenim els dies comptats,
ens hem guanyat a pols,
acte a acte, silenci a silenci
el col·lapse i l'extermini.

14/10/2023

Aquest apartat ofereix alguns elements pràctics per crear i organitzar una agrupació d'AutoDefensa Noviolenta (ADN), i la seva articulació en xarxa.

Abans de passar a concretar com endegar una agrupació ADN, fem un breu repàs als antecedents que la justifica, i que han quedat recollits en el text fundacional —de primers del 2022— del Projecte Sistema Civil de Defensa Noviolenta Catalana:

> Quan als anys setanta alguns joves vàrem impulsar **l'objecció de consciència** al servei militar, el **nostre objectiu** no era sols el reconeixement d'un dret, sinó que era **contribuir,** amb el nostre gest, a **acabar amb els exèrcits i les guerres.** En trenta anys de lluites noviolentes, amb 1.000 anys de presó de quasi 2.000 objectors i insubmisos, vàrem contribuir

a acabar amb el servei militar obligatori, però van quedar pendents acabar **amb els exèrcits i les guerres.**

Durant cinquanta anys, especialment, amb la fi de la guerra freda, el moviment per la pau ha **abandonat els projectes de defensa popular o civil noviolenta,** i per tant, el posar les bases d'una alternativa als sistemes militars de defensa armada. Aquí, i arreu del món, algunes minories, hem continuat recollint experiències i bastint un marc teòric que fonamentin la necessitat i la viabilitat de sistemes civils de defensa noviolenta.

Un dels fonaments d'aquest abandonament és que els riscos, amenaces i perills són molt més amplis que els contemplats en els sistemes de defensa i seguretat militars. I, per tant, cal **posar en marxa sistemes de "seguretat humana"** en tots els àmbits, no sols de "seguretat i defensa nacional" (vinculats als interessos dels Estats i de les fronteres).

Ara bé, les **guerres** llunyanes o properes, continuen existint i fent estralls. I, més enllà de la imprescindible tasca d'intentar combatre les causes que les provoquen o d'aplicar polítiques que les evitin, **les societats,** quan un conflicte armat esclata o quan creu estar sota la seva amenaça, **es decanten cap els exèrcits a manca d'alternatives efectives.**

Per tant, **mentre no hi hagi una alternativa de defensa noviolenta,** les societats ballen al so de la dramàtica música militar i justifiquen la seva existència, emparades en el dret a la legítima defensa. Fa tants segles que ens **han fet associar legítima defensa** (protecció i seguretat) a **defensa militar armada violenta** (desempara i inseguretat) que ja no ens adonem de com **la defensa militar armada violenta és l'arma dels poderosos** per mantenir o redistribuir els seus privilegis i per acumular més diners, tant en la indústria i finançament de la destrucció com en la de la reconstrucció; i que, en nom de la defensa, provoquen més destrucció de la que aquesta voldria evitar.

Tot poble, nació, Estat... **té dret a la legítima defensa,** però aquesta no és efectiva ni legítima si es fonamenta en la destrucció del seu adversari, que també invoca la legítima defensa, i menys, en **l'era de l'amenaça nuclear:** el seu ús en nom de la legítima defensa porta a la mútua destrucció assegurada!

Les societats necessiten **millorar la seva seguretat mútua,** i per tant, han de reduir qualsevol sistema i despesa que sigui una amenaça per a d'altres societats i per al món.

La **via de la defensa militar violenta no té futur.** Cal, per tant, apostar per les **vies civils de defensa noviolenta.** Ara bé, els pocs Estats que han creat polítiques de defensa civil, les han fet només complementàries a les de defensa militar.

Només **iniciatives ciutadanes, civils, populars... d'autodefensa noviolenta poden posar les bases d'una alternativa als exèrcits.** No n'hi ha prou de dir "no a la guerra" o de "criticar el militarisme" o de "fer objecció fiscal a la despesa militar per dedicar els fons a fins socials".

Igual que els primers objectors vàrem mostrar amb **els serveis civils autogestionats** que hi **havia una alternativa al servei militar obligatori,** avui **hem de mostrar que tenim alternatives als sistemes de defensa i seguretat militars violents** amb una **xarxa d'agrupacions civils de d'AutoDefensa Noviolenta** del territori.

La proposta de posar en marxa **agrupacions d'AutoDefensa Noviolenta** pretén crear **cercles locals, entrenats en la lluita noviolenta per defensar cada territori de les agressions, inseguretats i desequilibris de tot ordre que avui pateix;** cercles que podran ser, quan calgui, la base organitzada per controlar efectivament el territori, per afrontar agressions armades, qualsevol que en sigui el seu origen.

L'articulació local entre persones de diferents moviments i entitats socials permet entendre, enfortir i **vincular les corresponents lluites per fer-les més efectives** en cada indret i en el conjunt del país.

Aquesta articulació local, comarcal... no nega, sinó que **reforça, la posada en marxa d'un sistema civil de defensa noviolenta nacional,** en aquest cas catalana, útil, també, per aquells que volen avançar cap a la independència i per a la seva defensa, un cop aconseguida.

Diversos orígens en la gestació d'agrupacions ADN

Hem vist que difícilment cap Estat constituït amb el monopoli de la força armada, de la defensa militar armada, apostarà per crear una defensa civil noviolenta alternativa. Per tant, abans de renunciar a aquesta via alternativa per manca de suport oficial, apostem per anar-la generant des de la ciutadania, tot creant agrupacions d'AutoDefensa Noviolenta (ADN).

Aquestes agrupacions poden generar-se a partir de tres situacions:

- **De nou**
  Una o més persones d'un indret, vinculades o no a grups existents, decideixen posar en marxa una agrupació ADN. Creuen que és un camí efectiu per millorar la vida col·lectiva amb més cohesió social i per posar les bases ciutadanes d'un sistema de protecció, seguretat i autodefensa sense haver de dependre dels exèrcits ni de les vel·leïtats i interessos que els condicionen, per contribuir a un país i un món més en pau.

- **De grup existent**
  Un col·lectiu o associació que ja funciona en la defensa de drets i llibertats, en la resistència a agressions socials, ambientals, culturals, nacionals... considera que els seus objectius i les seves accions poden prendre una dimensió més profunda o més ampla si esdevenen una agrupació ADN.

- **D'agrupació de grups existents**

  Diversos col·lectius o associacions consideren que els respectius objectius i accions poden tenir més rellevància i eficiència si es constitueixen com agrupació ADN.

Marc per enfortir iniciatives existents amb base a assemblees locals

Gran part dels moviments i d'entitats socials que es configuren en l'àmbit nacional s'estructuren o bé es potencien localment en assemblees, grups, consells, seccions...

Uns exemples recents –que no pretenen ser exhaustius i que estan en procés de constitució– són:

- Campanya Aturem les Guerres (una vintena de grups locals arreu de Catalunya).
- Assemblea per a la Transició Ecosocial (en fase d'estructuració).
- Full de Ruta del Moviment per a la Independència (pendent de constitució).
- Arbre de les Assemblees (Xirinacs) (actualitzant el projecte en el PAS).[1]

[1] Associació sense afany de lucre PAS: Amics del Camí-Serveis de Participació i Sostenibilitat.

Cadascú d'ells, com la majoria de moviments socials, d'ONG o de coordinadores d'entitats, estan centrats en algun tema clau, en la defensa d'alguna agressió, amb cultures organitzatives diverses —més verticals o més horitzontals— i no sempre troben un marc més ampli per enfortir i enllaçar les respectives lluites, tant en l'àmbit local, com en el de país o mundial.

Cal veure si sense renunciar als objectius i motivacions de cada col·lectiu, el fet de considerar-se formant part d'un moviment més ampli pot millorar els resultats, pot facilitar la coordinació i pot enfortir la motivació. Defensar el teu barri, poble o ciutat és molt motivador, però fer-ho en el context de defensar el teu país o de contribuir a la pau al món, pot ser-ho més.

Passos per gestar una agrupació d'ADN

Si una o **vàries persones**, mínim de tres a set, heu mostrat mútuament interès per constituir una ADN és que segur que ja heu llegit el document que comentarem a continuació i que és una proposta de concreció sorgida en el marc de diverses iniciatives.

Declaració de compromís

Aquest document de consens està disponible en format digital en l'enllaç següent:

https://lluitanoviolenta.cat/recurs/declaracio-de-compromis-amb-autodefensa-noviolenta.

El reproduïm tot seguit amb comentaris explicatius [en gris]. A mesura que l'anem llegint, seguirem els passos a fer i els textos que cal completar:

Declaració de compromís amb l'AutoDefensa Noviolenta de.........

[Aquí cal posar el nom de la localitat, del tema o sector de l'agrupació ADN.]

Posant les bases d'un **Sistema Civil de Defensa Noviolenta Catalana** [que hem citat en començar].

Una proposta de concreció en el marc de diverses iniciatives com:

- **L'Arbre de les assemblees** (Xirinacs): http://chalaux.org/demotica/xdemctin.htm.
- El **Convivialisme:** https://t.me/convivialisme.
- El **Manifest Re-evolució noviolenta o extermini:** https://lluitanoviolenta.cat/re-evolucio-noviolenta-o-extermini.
- La **Democràcia Comunal:** https://directa.cat/una-forca-collectiva-per-a-tres-combats/.

[Aquests enllaços poden ajudar a ubicar diferents inspiracions organitzatives de les ADN.]

Declaració

Les AutoDefenses Noviolentes vetllem **pels equilibris en les relacions humanes i amb la natura** de la que formem part, i volem evitar, i **renunciem per tant, a emprendre tota mena d'agressions i violències** per aconseguir els objectius que ens plantegem.

Un indicador clau per conèixer el **grau de relacions equilibrades** en un territori (carrer, barri, poble, ciutat, comarca, nació...) és el **grau de cohesió social i amb la natura** de la gent que hi viu. Una forta cohesió comunitària és el resultat d'un alt grau de necessitats humanes cobertes que fa d'aquest territori un espai habitable per a tothom.

[Aquesta Declaració recull els objectius generals i la renúncia explícita del recurs a la violència per aconseguir-los. I vincula la cohesió social amb la cobertura de les necessitats que queden expressades molt sintèticament en el següent decàleg, que cada ADN pot desenvolupar o concretar en la seva realitat, sense contradir-lo].

L'ADN vol contribuir, directament o a través de la pressió política, a que tota persona que viu en el seu àmbit, com a mínim:

1. **No passi gana ni set,** no visqui malnodrida i tingui una alimentació saludable.
2. **No pateixi ni fred ni calor extremes,** disposi d'un vestit adequat i d'una llar digna.

3. **No sigui ni abandonada ni discriminada** per qualsevol diversitat o procedència personal o grupal.
4. **Tingui una ocupació lliure, digne i útil;** disposi d'ingressos adequats a les seves necessitats i possibilitats.
5. **Pugui tenir un estil de vida saludable, l'atenció i les cures** adequades per fer front a qualsevol malaltia.
6. **Tingui accés al coneixement i a la informació veraç** adequats als seus interessos.
7. **Pugui expressar lliurement i responsable** les seves opinions i preferències.
8. **Pugui influir i participar en les decisions** comunitàries i polítiques dels diferents àmbits.
9. **No sigui agredida ni pateixi violències** impunement sense rebre protecció i pugui ser rescabalada.
10. **Visqui en un entorn no degradat** on no malmetem l'aire, les aigües, els sòls, la flora i la fauna.

L'ADN per avançar en aquests objectius empra les capacitats de la **via noviolenta:**

[De les diverses concepcions de la noviolència, en recollim aquí algunes i mirem d'endreçar-les per facilitar el diàleg i veure'n la complementarietat.]

- **Consciència** de la interconnexió i el respecte entre totes les persones i els éssers vius.

[A la base de qualsevol concepció de la noviolència hi ha el cultiu d'aquesta consciència de vincle profund entre tots els éssers vius i, **òbviament, entre totes les persones humanes, del que en sorgeix el respecte a la seva vida, integritat i dignitat. Diferents tradicions de saviesa** conviden a aquest cultiu de la consciència amorosa. La constatació és que sense aquesta cultura de pau, els humans tendim a un tracte superficial amb els altres que porta a veure'ls només com a competidors, com adversaris, com enemics... i no com a persones que poden, podem, estar danyant els altres amb més o menys inconsciència.]

- **Comunicació empàtica** en les relacions interpersonals i en els conflictes socials.

[La diversitat de procedències, de valors, d'interessos, de necessitats... ens dificulta la comunicació amb els altres i pot esdevenir un parany on oblidem el vincle profund, però, alhora, és una oportunitat per cultivar no sols la consciència, sinó per posar a prova els seus fruits. Les formes habituals de comunicació estan esbiaixades pels judicis i prejudicis dels i sobre els "altres". Com en altres camps, disposem avui de mètodes per fer conscients les dificultats d'una comunicació empàtica que parteixi de l'escolta activa, la descripció sense judici dels fets que ens afecten, la descoberta dels sentiments que ens provoquen aquests fets com a via per descobrir les necessitats insatisfetes que estan darrera dels conflictes que patim.[2]

- **Lluita noviolenta** per fer front a la violació de drets i llibertats.

[**Partim d'un conflicte** o d'una situació que considerem èticament inacceptable, i **volem alliberar-nos:**

- **De la violència que patim** i de la contradictòria temptació d'exercir-la per alliberar-nos. Quan actuem amb odi, aquest no ens fa millors que els nostres enemics.

- **I de la passivitat que patim** i de la contradictòria temptació de "passar de tot" per alliberar-nos. La passivitat ens fa còmplices de la violència armada i de la violència estructural.

Per enfortir-nos com a ciutadania activa, com a poble que vol sortir de la passivitat, cal distingir tres grans tipus d'acció ciutadana:

---

[2] Vegeu diversos llibres i manuals a: https://lluitanoviolenta.cat/recursos?field_tipus_tid=All&field_idioma_tid=All&field_tematica_tid=All&field_edats_tid=All&title=comunicaci%C3%B3&title_1=.

- El **no a la violència,** entesa com oposició a l'ús de la violència. És la cultura antiviolència.
- La **sense violència,** en tant que renuncia puntualment a la violència, de forma tàctica.
- La **noviolència és** l'estratègia per transformar conflictes; també anomenada *ahimsa, satyagraha o sarvodaya.*

Anomenem **lluita noviolenta** a una lluita transformadora que no sols renuncia a la violència sinó que compta amb un conjunt d'elements i de tipus d'accions propis de la **via noviolenta.]**

[En funció del tipus d'agressions a què la lluita noviolenta ha de fer front distingim entre:]

– **Resistència civil noviolenta** per afrontar agressions violentes.

[Quan grups o classes socials pateixen agressions de tota mena (violències culturals, econòmiques, estructurals, judicials, policials...) necessiten protegir-se i defensar-se sense generar més violència. En aquest cas emprem **resistència civil noviolenta,** un terme que en el món anglosaxó a vegades s'empra com a sinònim de lluita noviolenta.]

– **Defensa civil noviolenta** per encarar les invasions i ocupacions armades.

[Quan un país pateix una agressió armada, militar, amb més o menys grau d'invasió o d'ocupació del seu territori la societat necessita defensar-se sense generar més violència. En aquest cas emprem **defensa civil noviolenta.** En el món anglosaxó s'utilitza defensa civil, social, per mitjans civils o desarmada. En el nostre cas remarquem AutoDefensa (només defensiva, no ofensiva), feta per la pròpia societat (auto-), i noviolenta (sense recurs a les armes letals ni als exèrcits armats).]

La **Lluita Noviolenta** ha de tenir clar **un objectiu equitatiu i veritable.**

[Per la seva naturalesa, la lluita noviolenta deixa de ser noviolenta si l'objectiu que persegueix no està orientat al bé comú i a l'equitat: hem de verificar amb estudi i diàleg que l'objectiu de la lluita que anem a emprendre és clar i diàfan (no obscur), argumentat, defensable, equitatiu, equilibrat, veritable... Que no estem amagant interessos inconfessables, que no estem trencant els vincles de respecte a d'altres persones o grups. Una forma de fer-ho és amb el ventall de posicions, en què cadascú te o adopta un dels rols a favor o en contra de la causa per la qual volem lluitar (vegeu la figura).

Ventall inicial de posicions sobre una causa

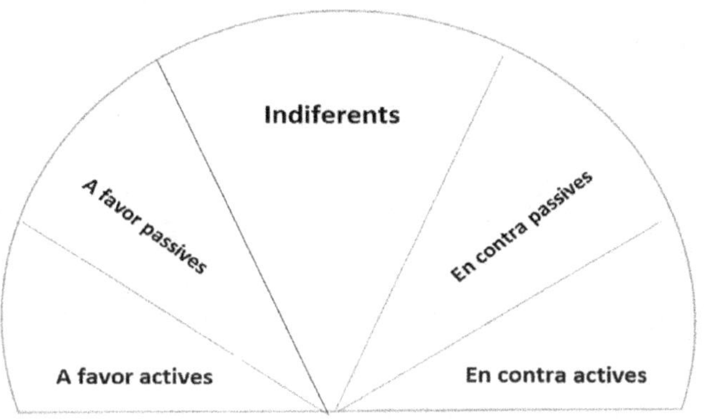

Aquest exercici permet "relativitzar" posicions tancades, però també comprendre millor les motivacions, interessos o necessitats de cada part.

I, en una segona ronda, aquest ventall permet enfocar l'acció cap a un públic determinat: volem canviar la posició i el comportament d'un d'aquests grups. Per exemple, les persones que estan a favor i són passives, que passin a ser actives; o les indiferents que passin a estar a favor...].

La **Lluita Noviolenta** necessita, com tota altra lluita, d'uns **elements clau:**

[La lluita noviolenta no és un joc per passar l'estona ni es pot limitar ni confondre amb les vies cíviques, pacífiques, democràtiques;

electorals, judicials, mediàtiques... Com tota lluita social, política, demana esforç i risc, però que seran inútils si no inclouen els altres elements propis de qualsevol lluita, però en aquest cas en la lògica de la via noviolenta. Vegeu la figura.]

- **Estratègia:** com aconseguirem el canvi que desitgem, l'objectiu que volem assolir.
- **Actituds:** com suscitem empatia i aconseguim que molta gent indiferent recolzi la causa.
- **Campanyes:** com articulem diferents accions en missatges clars que ajudin a avançar.
- **Accions:** com concentrem l'energia en objectius assolibles que ens acostin a l'objectiu.
- **Tècniques:** com entrenem i exercim les capacitats per dur a terme accions amb èxit.

I llença accions o campanyes específiques de:

- **Diàleg:** que cerquen parlar, negociar amb l'adversari sempre (abans, durant i després...).
- **Denúncia:** que volen fer emergir el conflicte, mostrar els desequilibris, injustícies...
- **No cooperació:** que cerquen retirar la col·laboració a l'adversari sense fer res il·legal...
- **Desobediència civil:** que deixen de sotmetre's a lleis o normes injustes assumint-ne els riscos.

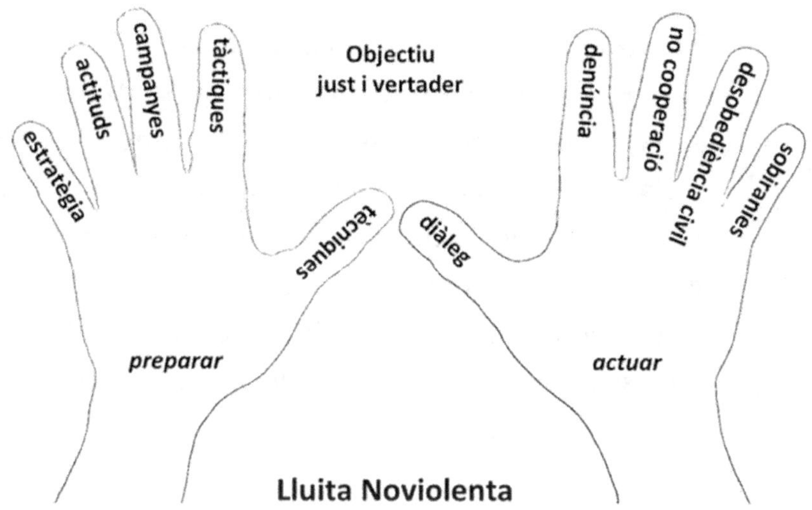

- **Creació d'alternatives:** que mostren com seria la vida si s'acabés la injustícia que es denuncia.

L'estratègia noviolenta: alliberar-nos sense que generem més violència

Fem un parèntesi en la Declaració de compromís amb l'AutoDefensa Noviolenta que estem reseguint, per incloure el decàleg, publicat inicialment per *En peu de pau* el 2017,[3] on es recull la seqüència dels elements de la lluita noviolenta:

---

[3] Extret d'Olivella, Martí: *Alliberem-nos de la violència i de la passivitat. Guia d'estratègia i d'acció noviolentes.* Barcelona: Ed. Equilibra, 2016.

1. **Organitzar-nos per fer front a la situació inacceptable i elaborar l'estratègia noviolenta per transformar-la.** Ningú no ho farà per mi, per nosaltres. Qui ho veu clar, qui se'n sent responsable, ha de donar el pas. Però qualsevol moviment social, si vol créixer i tenir impacte precisa d'una forma organitzativa que aplegui voluntats, que faciliti la implicació i el compromís i que, alhora, sigui operativa en funció del què vol aconseguir i de com vol fer-ho.

2. **Explicitar i assumir el compromís amb la noviolència amb el risc personal, i d'equip, que pugui comportar.** Una declaració pública que manifesti l'objectiu, els mitjans noviolents i els tipus d'accions que es volen emprendre, enfortirà el moviment per assumir la possible repressió, li donarà coherència i legitimarà l'aïllament de tot acte violent, intern o extern.

3. **Triar un objectiu concret, que sigui assolible amb les capacitats del grup,** que vagi en la direcció de l'objectiu general i que, malgrat els reptes i les dificultats que comporti, sigui assolible en un cert temps. Aquest és un dels punts clau de l'estratègia noviolenta, triar un objectiu ni massa fàcil ni impossible. Un objectiu concret a l'alçada de les possibilitat i capacitats que el grup té, i que pot ampliar amb d'altres grups.

4. **Plantejar i generar, si és possible, alternatives viables per transformar el conflicte.** Cal oferir una alternativa viable que substitueixi o millori la llei, la institució o els costums que objectem. Mostrar que hi ha una altra manera de complir aquella funció que rebutgem, permet obrir el camí de la conjunció de forces. També genera simpatia entre la població, que percep així la bona voluntat creativa, no destructiva, dels qui impulsen l'acció. Generar alternatives és, alhora, una aposta per una sortida creativa d'allò que considerem inacceptable i una forma de lluita que demostra que és viable superar la situació present.

5. **Intentar sempre, amb l'adversari, el diàleg i la cooperació per trobar una solució.** Amb els primers passos, cal intentar un diàleg constructiu amb l'adversari. Cal cercar la conjunció de forces oposades. Potser l'adversari té raons o sentiments que no hem tingut en compte; potser ens escoltarà. Cal pressuposar la cordialitat. L'intent de diàleg en cas de fracàs legitimarà les següents passes.

6. **Aprofitar, esperar o provocar una crisi més àmplia, com a oportunitat de canvi.** Per a la viabilitat d'un procés d'alliberament sobre un conflicte concret cal considerar el context, cal tenir en compte qualsevol factor extern al grup que pugui ser determinant per l'enfortiment, l'extensió i l'èxit de l'acció. Parlem de la crisi, sigui econòmica,

política, ambiental o general. La crisi fa trontollar certeses, poders, institucions, costums. La crisi es pot convertir en una oportunitat perquè l'objecció i l'alternativa a la situació injusta puguin reeixir. Fer el que creiem que hem de fer, més enllà d'unes circumstàncies que no semblen favorables, ens prepara i ens situa en bona posició per quan ho siguin. No sempre veurem els resultats, no sempre tindrem èxit, però com diu Pepe Beunza: "Només hi ha una lluita que està perduda, la que no comencem".

7. **En cas que el diàleg no prosperi, llançar denúncia pública i plantejar ultimàtum.** Estem tractant d'aconseguir un objectiu concret que redueixi la passivitat i la violència mitjançant la màxima conjunció i el mínim xoc cec de forces. Si hem intentat una solució negociada i hem fracassat; si malgrat haver denunciat la situació i haver cridat a la implicació de l'opinió pública, l'adversari continua sense modificar la situació, cal donar un nou pas. Cal enviar un ultimàtum per demanar un canvi abans d'una data concreta. I anunciar que, passat el termini sense obtenir una resposta positiva, emprendrem accions de no cooperació, i si cal, de desobediència civil.

8. **Llançar campanyes de no cooperació.** Quan la denúncia no ha estat suficient per canviar la situació, una resposta possible és deixar de cooperar. Les accions de no

cooperació més habituals són les vagues laborals; també de consum o de vot (boicots). La vaga de fam no és una eina de pressió o de xantatge, és una acció dirigida al desvetllament dels amics i del poble perquè surtin de la passivitat còmplice. Tota relació de poder d'una minoria es manté perquè la majoria coopera, col·labora, sigui per acció o per omissió. Quan ens desentenem d'una situació violenta o d'una llei injusta, ens fem còmplices de col·laboració i, en part, som corresponsables de la injustícia.

9. **Promoure campanyes de desobediència civil assumint-ne les conseqüències.** Quan la no cooperació no ha estat suficient per suscitar un canvi ni per aconseguir dialogar podem exercir el dret, i el deure, de desobeir la llei injusta. La desobediència civil és un conjunt d'accions noviolentes de refús a obeir determinades lleis, polítiques o actuacions considerades pels desobedients com a injustes o il·legítimes, per tal d'invalidar-les, transformar-les o substituir-les tot afavorint el bé comú. Els actes de desobediència civil estan considerats il·legals i, per tant, poden ser declarats delictius. Els activistes fan saber la seva desobediència de forma pública i han d'estar disposats a assumir-ne la responsabilitat i a acceptar les conseqüències que se'n derivin. Aquesta clara actitud de donar la cara legitima l'acte, posa de relleu el fet denunciat i reforça la consciència cívica i el sentiment d'injustícia.

10. **Establir, per fi, el diàleg que permeti trobar una solució equitativa.** Tota estratègia noviolenta persegueix atènyer l'objectiu generant el mínim de xoc cec de forces. Si després de tot el procés hem aconseguit modificar la consciència de l'opinió pública perquè surti de la passivitat i aposti pel canvi, i hem aconseguit modificar la posició dels adversaris, responsables principals de la violència que volem reduir, serà el moment, ara sí, de poder negociar la millor solució. Un resultat positiu ens haurà posicionat per emprendre un objectiu més ambiciós, amb més suport social. Un resultat negatiu ens haurà fet aprendre de les nostres capacitats i limitacions, i ens donarà pistes sobre com fer-ho millor en un futur.

[Després de la visió de la via noviolenta i dels seus elements, ara cal entrar en la proposta de procediment per començar a fer operativa l'agrupació ADN tenint en compte el que hem dit a l'apartat "Diversos orígens en la gestació d'agrupacions (ADN)". Continuem, doncs, amb la Declaració.]

L'ADN s'autoorganitza en petits cercles de persones voluntàries que fan:

a) **Diagnòstic** dels desequilibris i **priorització** de les agressions més greus.

b) **Pla de resiliència** per reduir desequilibris i agressions.
c) **Formació,** entrenament i organització de la via noviolenta.
d) **Campanyes** noviolentes de defensa i equilibri territorial per aplicar el pla.
e) **Coordinació** amb altres ADN per ampliar l'impacte de les campanyes.

[Exposarem amb més detall la proposta de procediment i d'organització per començar a fer operativa l'agrupació ADN.]

a) **Diagnòstic** dels desequilibris i **priorització** de les agressions més greus.

[**Com podem fer una llista comuna d'agressions? Com podem prioritzar-les** per acordar una campanya de lluita noviolenta que pugui ser conjunta i, per tant, que pugui tenir més èxit?

Cadascú pot fer còpies de la taula adjunta i seguir els passos següents:

1r. **En petits grups** (si sou més de set) **feu llista de les agressions més importants** que patiu en el vostre àmbit, fent una roda on garantiu que cadascú pugui dir la seva.
2n. **Feu llista comuna** (si sou més d'un grupet).

3r. De la llista comuna **cadascú marca les dues agressions** que creu **més importants i alhora** que considera que **podeu fer-hi front amb èxit.**

4rt. Un cop veieu **quines són les més triades,** cadascú **indica en quina voldria participar** per organitzar una campanya de lluita noviolenta per fer-hi front.]

Marca amb una X les dues prioritàries	X

Destaqueu l'agressió que heu triat amb consentiment de tothom	

[No es tracta de desatendre cap causa, però sí de prioritzar-ne alguna de comuna... Quan tenim tots els fronts oberts, sovint no avancem en cap.]

b) Pla de resiliència per reduir desequilibris i agressions.

[Un cop acordada quina agressió d'entre les principals que patim, triem la que **considerem amb més possibilitats d'aturar-la amb una campanya** conjunta dels diferents col·lectius de la zona o del sector. Hem d'elaborar un **pla de resiliència,** per no sols evitar-la sinó, si podem, per revertir-la.]

[Per exemple, si l'agressió és la contaminació que provoca una indústria o una macrogranja, haurem d'aplicar l'estratègia noviolenta no sols per aturar els abocaments sinó per restaurar l'entorn, el sòl, les aigües, l'aire... i la salut dels éssers vius —humans i no humans— afectats.]

c) **Formació,** entrenament i organització de la via noviolenta.

[Per aplicar l'estratègia noviolenta caldrà avaluar quines necessitats de formació, general i específica, d'entrenament emocional, psíquic, físic, relacional...; i d'organització de la pròpia agrupació ADN, així com dels diferents equips amb rols complementaris per portar a terme la campanya i les accions corresponents.]

d) Campanyes noviolentes de defensa i equilibri territorial per aplicar el pla.

[Concretar els objectius realistes i alhora agosarats de la campanya serà determinant per assolir-los, així com el disseny de les accions de diàleg, de comunicació, de denúncia, de no cooperació, de desobediència i de creació d'alternatives.]

e) Coordinació amb altres ADN per ampliar l'impacte de les campanyes.

[Sempre que calgui i que es pugui, caldrà saber si altres ADN poden donar suport a la campanya o si, podem inserir la nostra campanya en el marc de campanyes semblants d'altres ADN. Es tracta d'afavorir la sinergia i reforç entre iniciatives existents. Però també d'eixamplar la pertinença a una xarxa que es capacita per enfrontar altres agressions potencials, com la militar. Podem coordinar-nos amb ADN que tenen campanyes temàtiques o sectorials comunes. Però, com a país, convé que també anem teixint la xarxa d'ADN territorials.]

Pistes per organitzar l'ADN sense caure en inèrcies habituals

Cada ADN funciona i es coordina entre les ADN en els àmbits propers fins a l'àmbit —en aquest cas— català, tot vetllant per l'equilibri en les relacions entre les agrupacions que asseguri la participació de totes elles tant en l'orientació de prioritats com en l'efectivitat de les accions.

Cada ADN cerca la cohesió social i l'estima mútua, perquè només defensem allò que coneixem i estimem; només defensem allò del que ens sentim formant-ne part. Cada ADN aspira a eixamplar aquesta cerca a tot el país i a tot el món i, per tant, entén la seva acció com una contribució als equilibris que facin de la Terra un planeta habitable per a tothom.

[En l'estructuració d'iniciatives ciutadanes (col·lectius, associacions, entitats, plataformes) acostumen a xocar dues visions que dificulten el seu bon funcionament: som assemblea o som organització?

El repte està en crear una estructura que sigui alhora prou inclusiva i participativa, però també prou àgil i resolutiva, sense carregar les persones amb massa reunions.

La majoria d'intents de crear moviments tenen dificultats per pensar i posar en marxa un **model organitzatiu que combini i equilibri la millor participació** (legitimitat) i **la millor efectivitat** (operativitat). Els models centrats en la participació (per exemple, en assemblees) acostumen a alentir-se i arriben a ser poc operatius. Els models centrats en l'efectivitat (per exemple, amb equips molt directius) solen perdre base social i arriben a tenir poca legitimitat social.

Podem intentar **trobar l'equilibri** entre aquests dos models, de manera que els integri?]

Articulació sociocràtica

[Ja hem vist que per avançar en aquest equilibri podem provar una metodologia que permet que cada ADN, formada per persones individuals o de col·lectius amb diferents objectius concrets, faci llista comuna de les "agressions" que pateix cada territori, prioritzi les més importants i entre aquestes, triï una sobre la que l'ADN pugui concentrar esforços per aconseguir aturar l'agressió. Un cop hagi reeixit en el seu objectiu, l'ADN triarà una altra "agressió" sobre la que concentrar la nova lluita. Aquest procediment també pot servir per a campanyes d'àmbits territorials més amplis, fins arribar a campanyes de país.

Les ADN en la mesura que mostrin capacitats per millorar la vida de la població més enllà dels diferents grups "temàtics", poden atreure la participació de ciutadania no organitzada que vol trobar espais on implicar-se.

Així com la **comunicació noviolenta** ens aporta mètode per millorar les nostres relacions, la **sociocràcia** ens n'aporta per millorar l'estructuració àmplia de les ADN, més enllà, però també, de l'agrupació local.

Quan volem articular més d'una agrupació ADN, sigui en la mateixa població, sigui entre diferents poblacions, la **sociocràcia** ens aporta mètode per fer-ho entre les xarxes circulars de les diferents agrupacions: des de les més externes fins a la més central, i viceversa.

La xarxa d'agrupacions es va constituint en una doble dinàmica, des de l'ADN central —el grup impulsor— fins a les agrupacions d'ADN territorials, sectorials, temàtiques que es van constituint, i a l'inrevés, des dels diferents cercles concèntrics d'agrupacions "locals" primer nivell (1.*X*) fins a l'ADNcat central (de moment, segon nivell 2.1). Vegeu la figura.]

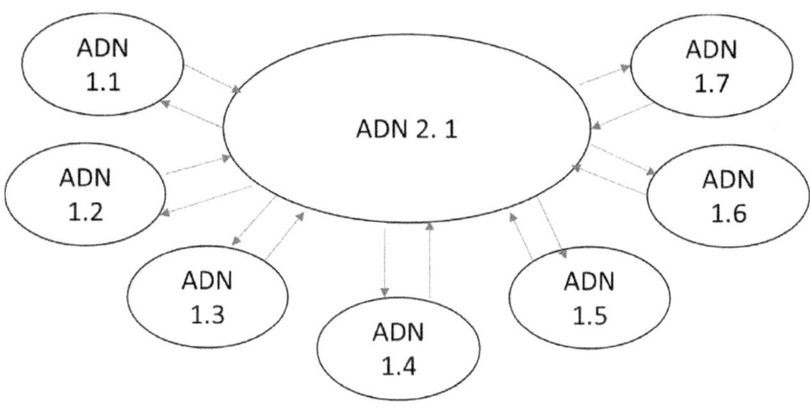

Sòciocràcia vol dir força dels "socis/es", en petites agrupacions d'agrupacions, que busca compatibilitzar la implicació participativa, tant en la presa deliberativa de decisions, com en l'execució operativa de les mateixes.

I les **petites agrupacions** (al voltant de set persones) prenen **decisions per consentiment** (ningú en contra), inclosa la **tria de les quatre persones responsables sense candidatures prèvies** (dos enllaços, secretaria i coordinació).

Els enllaços de les agrupacions bàsiques amb les dels altres nivells més centrals aporten la visió de la xarxa d'ADN, mentre que els enllaços de les agrupacions més centrals aporten la coordinació operativa de les decisions preses per la xarxa en el seu conjunt.

Però com s'estructura sociocràticament i quines són les regles que apliquen en els nivells? Vegem-ho.

Alguns elements de la sociocràcia

En annex, trobareu la presentació elaborada per Oriol Guinart "Uru" qui ens explica gràficament i amb molta claredat en què consisteix la sociocràcia i quins processos cal seguir per aconseguir dinamitzar el grup.[4]

---

[4] Extret de GUINART, Oriol: "Sociocràcia a l'aula. Una interpretació en context real", disponible en l'enllaç següent: https://view.genial.ly/5e3bccb035ef46049010dc3c/presentation-sociocracia-a-laula.

El compromís personal amb l'ADN

[Només queda formalitzar la implicació de cada persona que constitueix o s'afegeix a l'agrupació d'AutoDefensa. Òbviament és un procés dinàmic. Les persones s'apleguen per afinitat amb la proposta i van fent els diferents processos inclosos en la Declaració: necessitats, via noviolenta, tria de campanya, organització sociocràtica... O bé, van fent aquests processos i quan veuen madur el grup, es constitueixen en ADN.]

Les persones sotasignades com a membres de l'ADN de .... ens comprometem a fer efectiva aquesta Declaració i a acollir totes les persones que vulguin assumir-la i implicar-s'hi.

Nom i Cognoms Localitat Data

Annex. La sociocràcia

Presentació d'Oriol Guinart "Uru":

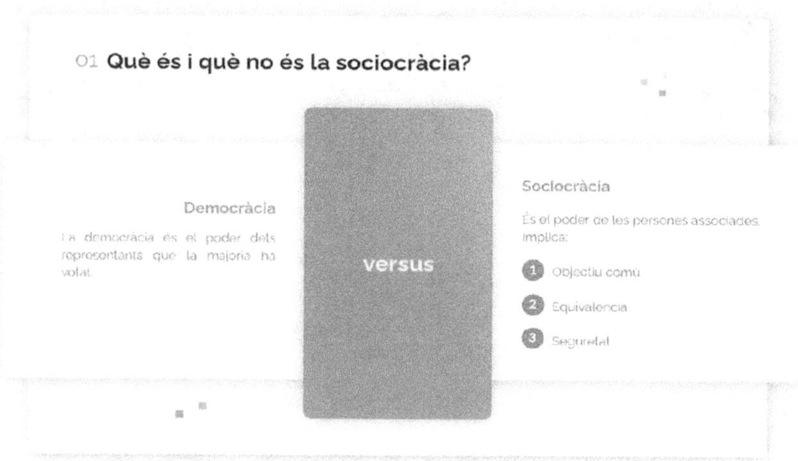

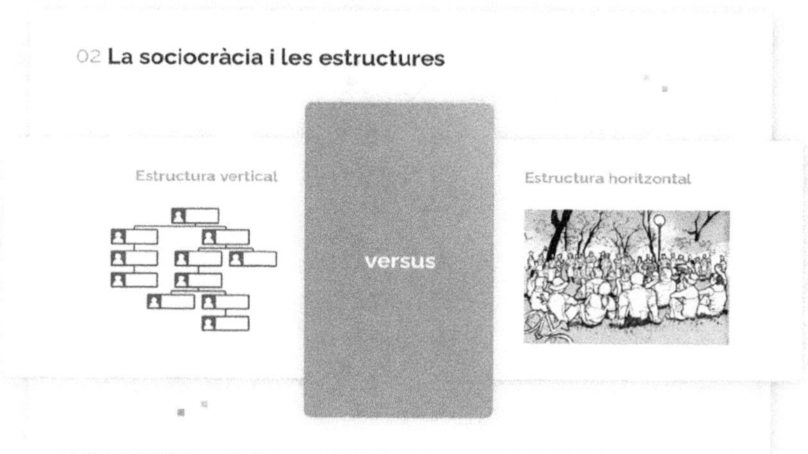

02 La sociocràcia i les estructures

La sociocràcia combina dos estructures habitualment confrontades:
La **vertical** per l'**acció/execució** i l'**horitzontal** per la **decisió**

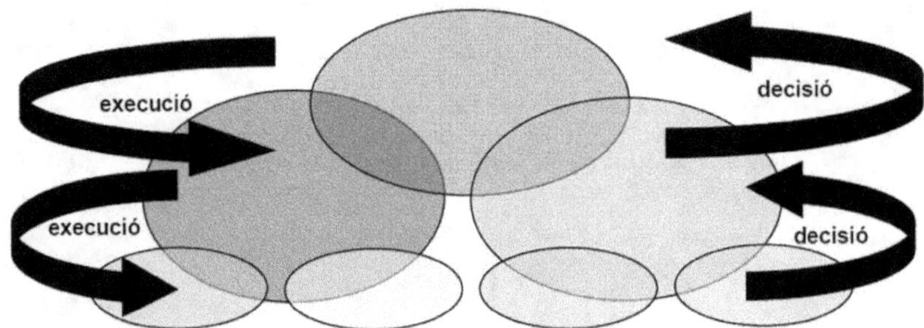

Si partim d'una estructura vertical: La dinamitzem per que la decisió funcioni
Si partim d'una estructura horitzontal: La dinamitzem per a que l'execució funcioni

03 Les 4 regles de la sociocràcia

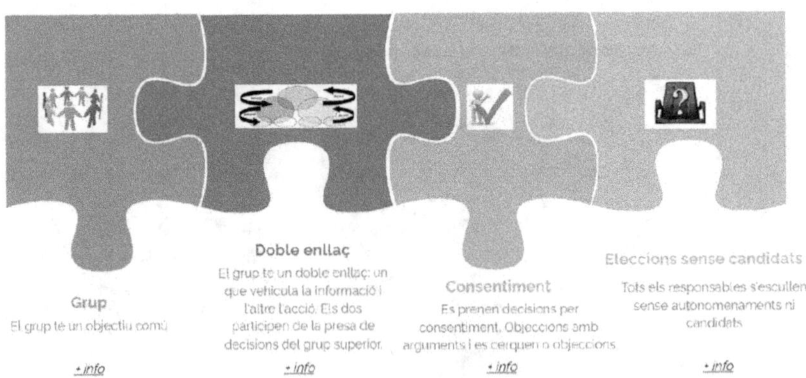

04 Les 4 regles de la sociocràcia: El grup

i INFO

MANDATS DEL GRUP

Tenir objectius clars de l'equip i de l'organització. Al centre del grup sempre posem el projecte comú.

Cercar la millora constant.

Partir de la continuïtat dels processos, de la autoeducació permanent.

NORMES

El grup genera les seves pròpies normes. És un organisme viu. Es prenen decisions que respecten els límits (els límits d'un toquen els límits d'un altre).
Avantatges:
- Seguretat psicològica.
- Responsabilitat.
- Els arguments són més importants que l'estatus.

Les responsables en grup vetllen pel bon funcionament del grup. Es tracta de 4 persones, 3 d'elles elegides pels membres del grup per a un període de temps mitjançant eleccions sociocràtiques.

Les **funcions** d'aquestes persones són:

La **coordinadora o primer enllaç** és triada per l'organització, tot i que el cercle pot demanar el seu canvi. Té com a funcions transmetre les decisions d'un grup a l'altre i vetllar per l'execució de les accions acordades. Així mateix ha d'organitzar el seguiment i avaluació del desenvolupament de les accions acordades.

La **secretària** prepara l'agenda, fa les actes i manté la comunicació dins del grup.

La **facilitadora** dinamitza la participació i el seguiment de les regles de joc.

La **segon enllaç** per a la participació del grup en el següent nivell, reforça i vigila les funcions de la coordinadora. També té veu i vot en la presa de decisions del grup del següent nivell.

04 Les 4 regles de la sociocràcia: El consentiment

i INFO

CONSENTIMENT

Les decisions es prenen per **consentiment** (ni per consens ni per majoria). "Tot i que penso, que no és la meva opció preferida, em sembla acceptable".

En la presa de decisions d'un grup **prenen part els segons enllaços** que han triat els grups de nivell inferior.

El grup es reuneix quan hi ha **propostes** a tractar.

També pot tractar un tema sense propostes concretes prèvies.

El grup **no té urgències**, no té pressa: no està en l'àmbit d'execució.

Es tracta de transformar la **frustració en proposta**.

Al consentiment hi ha la noció de **compromís, de pacte**. Puc no estar d' acord però ho accepto si està dins dels meus límits acceptables.

OBJECCIONS

Cada objecció s'ha d'acompanyar **de raons**, que no cal que només siguin personals.

No hi ha debat, no s'intenta convencer.

Gaudir amb el **plaer de la diferència**. Cal explorar les altres posicions.

Si hi ha un grup bloquejat, s'atura i es pregunta un a un què està passant. És important parlar de la por per recuperar la seguretat.

No busquem tenir raó sinó **ser escoltades**.

Totes les experiències tenen un sentit i és important reflexionar-hi.

Integrem el que hem viscut i podem anar més enllà.

Cap decisió es pren si un dels membres del grup **s'oposa amb un argument raonable.**

Els membres del grup utilitzen el **principi de tolerància** per arribar o avançar cap als seus **objectius comuns**.

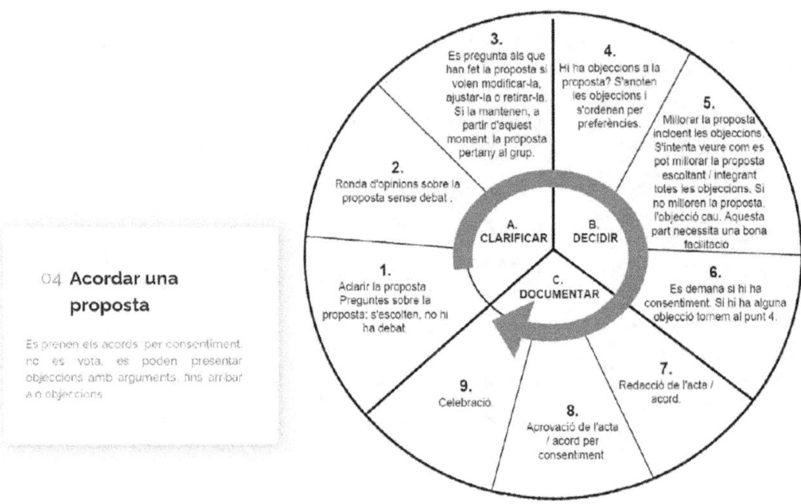
04 Acordar una proposta
Es prenen els acords per consentiment, no es vota, es poden presentar objeccions amb arguments, fins arribar a 0 objeccions
3.
Es pregunta als que han fet la proposta si volen modificar-la, ajustar-la o retirar-la. Si la mantenen, a partir d'aquest moment, la proposta pertany al grup.
4.
Hi ha objeccions a la proposta? S'anoten les objeccions i s'ordenen per preferències.
5.
Millorar la proposta incloent les objeccions. S'intenta veure com es pot millorar la proposta escoltant / integrant totes les objeccions. Si no milloren la proposta, l'objecció cau. Aquesta part necessita una bona facilitació.
2.
Ronda d'opinions sobre la proposta sense debat.
A.
CLARIFICAR
B.
DECIDIR
C.
DOCUMENTAR
1.
Aclarir la proposta. Preguntes sobre la proposta: s'escolten, no hi ha debat.
6.
Es demana si hi ha consentiment. Si hi ha alguna objecció tornem al punt 4.
7.
Redacció de l'acta / acord.
9.
Celebració.
8.
Aprovació de l'acta / acord per consentiment

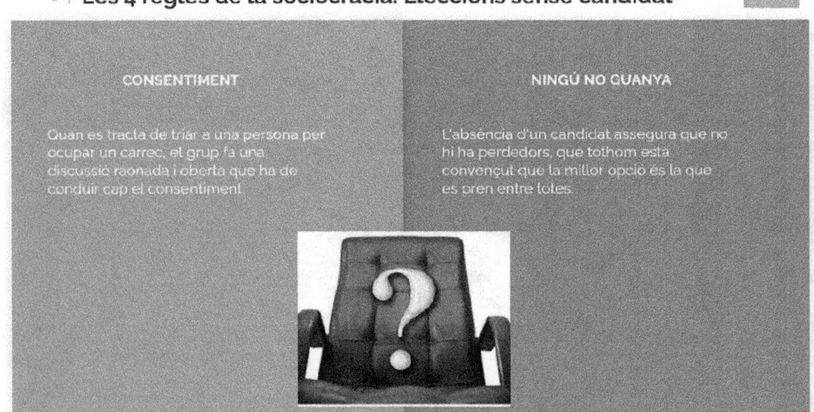
04 Les 4 regles de la sociocràcia: Eleccions sense candidat
1 INFO
CONSENTIMENT
Quan es tracta de triar a una persona per ocupar un carrec, el grup fa una discussió raonada i oberta que ha de conduir cap el consentiment.
NINGÚ NO GUANYA
L'absència d'un candidat assegura que no hi ha perdedors, que tothom esta convençut que la millor opció és la que es pren entre totes.

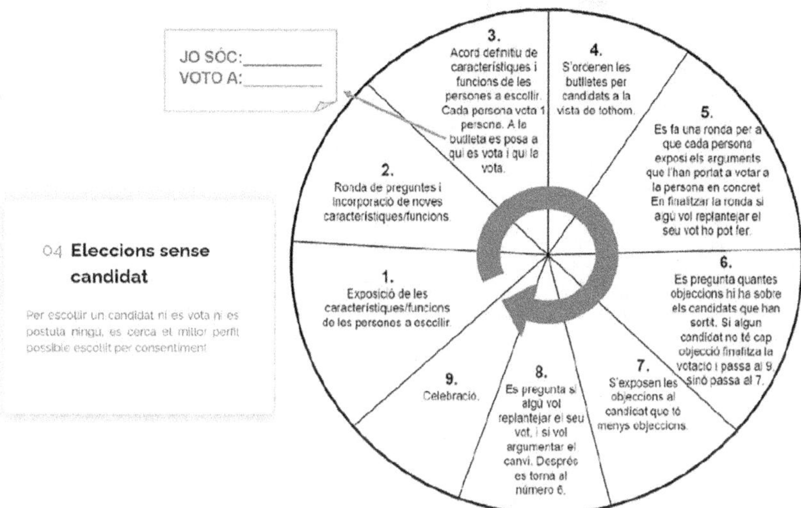
JO SÓC:
VOTO A:
04 Eleccions sense candidat
Per escollir un candidat ni es vota ni es postula ningú, es cerca el millor perfil possible escollit per consentiment
1. Exposició de les característiques/funcions de les persones a escollir.
2. Ronda de preguntes i incorporació de noves característiques/funcions.
3. Acord definitiu de característiques i funcions de les persones a escollir. Cada persona vota 1 persona. A la butlleta es posa a qui es vota i qui la vota.
4. S'ordenen les butlletes per candidats a la vista de tothom.
5. Es fa una ronda per a que cada persona exposi els arguments que l'han portat a votar a la persona en concret. En finalitzar la ronda si algú vol replantejar el seu vot ho pot fer.
6. Es pregunta quantes objeccions hi ha sobre els candidats que han sortit. Si algun candidat no té cap objecció finalitza la votació i passa al 9, sinó passa al 7.
7. S'exposen les objeccions al candidat que té menys objeccions.
8. Es pregunta si algú vol replantejar el seu vot, i si vol argumentar el canvi. Després es torna al número 6.
9. Celebració.

3

Com entrenar l'acció directa noviolenta

L'acció directa noviolenta requereix una actitud de respecte i de fermesa que posa a prova les capacitats fer enfrontar adversitats, més enllà de les respostes habituals de paralitzar-nos, fugir o atacar.

Tenim el dret i el deure de...

Tenim el dret i el deure de defensar la vida
i, per tant, tenim el dret i el deure
de fer-ho sense llevar vides, sense matar.

Tenim el dret i el deure de substituir
la defensa militar armada violenta per
la defensa civil desarmada noviolenta.

Tenim el dret i el deure de substituir
el deliri del creixement de tot sense límits
per la prosperitat frugal que ens farà humans.

Tenim el dret i el deure de substituir
aquest sistema basat en la desmesura i l'odi
per un de naixent basat en l'equilibri i l'amor.

Tenim el dret i el deure de substituir
la inconsciència i la ignorància que emmordassen
per la consciència i la saviesa de qui som.

21/11/2023

Aquest apartat presenta tècniques d'acció directa noviolenta i d'organització de serveis d'ordre en concentracions perquè els col·lectius interessats puguin adaptar-les, entrenar-les i aplicar-les.

Guia per fer campanyes noviolentes[1]

Per endegar una campanya noviolenta és vital comptar amb un bon entrenament. Per ajudar-nos a organitzar, planificar i

[1] Extret de l'extens i interessant document preparat per la Internacional de Resistents a la Guerra (IRG) https://nonviolence.wri-irg.org/es/recursos/2009/manual-para-campanas-noviolentas i publicat per l'Institut Català Internacional per la Pau (ICIP) https://www.icip.cat/en/publication/manual-per-a-campanyes-noviolentes-war-resisters-international-2/. *War Resisters' International. Manual per a campanyes Noviolentes*, 2014.

dinamitzar el grup: cal analitzar situacions, veure alternatives, redactar peticions, desenvolupar estratègies de campanya, preparar i avaluar accions...

L'entrenament noviolent contribueix a crear un espai segur per provar i desenvolupar idees noves o per analitzar i valorar experiències. També pot ajudar els participants a formar una entesa comuna de l'ús de la noviolència en campanyes i accions. Vegem amb uns exercicis quines eines i tècniques et poden ser d'utilitat.

Eines per arrelar, protegir i bloquejar

El propòsit o finalitat de cada exercici és aprendre eines que t'ajudin a protegir-te i a protegir a altres persones del grup i disminuir la tensió d'una situació. Algunes propostes de dinamització són:

- **Centrar-se**
  Quan hom està centrat, està tranquil, estable, present en el moment, és difícil treure'l del seu equilibri físic i emocional, i pot produir un efecte tranquil·litzador en els que l'envolten. Per centrar-te, enfoca't en el teu centre de gravetat. Està just sota el teu melic, molt en el fons del teu cos. Centra't aquí quan estiguis enfadat o sota pressió per tal d'arrelar-te i tornar a connectar amb el teu interior.

- **Assenyalar l'agressor**
  Es pot fer molt visible un atac violent si tothom que està al seu voltant s'asseu, perquè l'agressor sigui vist de sobte per tothom, incloent els mitjans de comunicació.

- **El munt, per protegir a algú que està sent agredit a terra**
  Una persona s'agenolla i fa un pont amb el seu cos per sobre de la víctima; llavors d'altres es creuen per sobre del pont. Vigilar de no aixafar la persona agredida!

- **Interposar-se entre l'agressor i el manifestant**
  Mantenir les mans obertes i visibles, tractar de no tocar l'agressor o almenys no agafar-lo. Simplement posar-se entre els dos, de vegades n'hi ha prou per aturar un atac. Parlar a l'atacant d'una manera tranquil·litzadora.

- **Formar una U i allunyar l'agressor**
  Diverses persones, unes al costat d'altres, es posen entre l'agressor i el manifestant formant una U al voltant de l'atacant, i fent que s'allunyi. No rodejar-lo completament, assegureu-vos de deixar-li una sortida. Mentrestant parlar-hi serenament.

- **Formar una O per absorbir el manifestant**
  Envoltar completament el manifestant que està sent atacat i absorbir-lo entre a la multitud protectora.

- **Línia entre bàndols oposats/bloqueig**
  Amb els genolls relaxats, no bloquejats i drets, separeu-vos la distància de les espatlles. Sigueu conscients que la línia que esteu fent ha de ser forta i valoreu els diferents impactes des de diferents postures, per exemple: drets separats —donant-vos les mans—, unint els colzes, agafats dels canells, etc.

- **Mantenir-se ferm, per utilitzar en un bloqueig**
  Centreu-vos, envieu les vostres arrels al més profund de la terra, sentint-vos relaxats i pesats.

- **Asseguts en fila**
  Quan estigueu asseguts en una línia, que la gent més pesant es posi en els extrems.

- **Asseguts en cercle**
  Creuar les mans entre les cames i subjectar els canells.

- **Asseguts en columna**
  Envoltar amb les cames la persona que està al davant, inclinar-se cap endavant, posant les mans al voltant del seu pit, mantenir el cap baix.

- **Postura d'autodefensa**
  Primer entrellaçar les mans i posar-les en la base del crani, amb els colzes junts protegint les temples. Encorbar-se

en posició fetal a terra, recolzant-se en el costat dret per protegir el fetge. Els òrgans principals i el cap estan protegits, però els ronyons encara estan en una posició vulnerable!

Algunes tècniques físiques de resistència noviolenta

Si es vol a passar a l'acció, convé conèixer i practicar millor les tècniques. Si fem un joc de rol amb aquests senzills exercicis de resistència corporal, podrem avaluar després els errors i les impressions psicològiques.

Per seguretat i per practicar qualsevol d'aquestes tècniques cal, en la mesura del possible, no portar objectes que es puguin estirar, arrossegar o amb els que hom es pugui tallar, ofegar o fer mal (collarets, rellotges, ulleres, arracades, mocadors en el coll; cal recollir-se bé el cabell...) i encoixinar-se el cos tot el possible.

- **"El/la mort/a"**
  Es tracta de l'espectacular i exemplar tècnica de no cooperar amb el desallotjament de l'acció i l'evacuació. Consisteix en relaxar-se instantàniament exercint de pes gravitatori quan la policia vol agafar-nos. Deixem caure així tot el nostre pes i, amb una mica de pràctica, fem tan difícil moure'ns com a un pop o a una medusa.

Practiqueu-ho i comprovareu que és moltíssim més eficaç que resistir la teva posició donant estrebades i cops o emprant una força, que sempre poden aprofitar en contra teva. Per evitar el risc d'accident en cas de cop de peu o caiguda a terra, no deixeu mai el cap penjant, sobretot cap enrere. Eviteu terrenys complexos, com les escales.

Generalment s'utilitza aquesta tècnica quan hi ha públic o mitjans de comunicació, si les circumstàncies no es presten podeu estalviar-vos-la. Aquesta tècnica és molt demostrativa, tendeix a disminuir la violència entre la policia, ens autoafirma i atreu la simpatia del públic.

- **"L'ou"**

Per protegir-se al màxim en una situació d'extrema urgència o de perill, feu veure davant d'eventuals testimonis que esteu sent agredit. Serveix de toc d'atenció i de reclamar ajuda. També pot disminuir la violència de l'agressor.

Consisteix en arraulir-se al màxim a terra doblegant-se sobre un mateix i desenvolupant la posició fetal protegint bé el clatell, els genitals i el ventre. Heu de caure sempre sobre la part dreta del cos per protegir el fetge de manera que quedi a la part inferior. Les mans cobreixen el clatell, amb els punys tancats, mai entrellaçant els dits (per evitar trencaments de falanges per cops de porra) i amagant els polzes dins dels palmells de les mans perquè no ens estirin d'ells o els trenquin. Els colzes protegeixen els costats, tant com sigui possible.

Si es presenta l'ocasió feu l'ou amb l'esquena enganxada a una paret per protegir-la també, a més us ajudarà a servir-vos de la mirada contra l'agressor.

Una varietat d'aquesta tècnica és el "doble ou". Consisteix a fer l'ou una persona sobre de l'altra o entre diverses a manera d'un "munt" humà. La persona de sota ha d'evitar subjectar a d'altres per evitar riscos al produir-se estrebades.

Aquesta tècnica s'empra per evitar detencions aïllades, crea un efecte de solidaritat molt impactant i desconcerta la policia. Si estàs aïllat/da del grup i t'ataca la policia, pots defensar-te rodant sobre tu mateix.

- **"L'asseguda"**

Consisteix en seure a terra i quedar-s'hi tot el temps previst. Per eficàcia, s'acompanya generalment de l'encadenament mutu (no creuar mai les mans, agafeu-vos dels canells o dels braços). Resulta més difícil de trencar si es formen cercles mirant cap a l'interior. Si intervé la policia no dubteu a deixar-vos anar abans d'esquarterar al veí o a un mateix o deformar completament el cercle.

L'asseguda es pot estimular amb l'ajuda de cançons que comportin confiança als/les participants. Aquesta tècnica sempre es pot combinar amb "la morta".

No us quedeu agenollats, d'aquesta manera oferiu més superfície on rebre cops o puntades de peu, especialment a la columna.

L'asseguda també es pot utilitzar per aïllar o identificar als provocadors i agitadors infiltrats (demanant a la resta de la gent que s'assegui).

- **"L'espagueti"**

  S'usa per deixar-se anar amb urgència de la policia mentre et condueixen "en volandes" per poder acudir en ajuda d'una altra persona o per allargar el desallotjament. Aquesta tècnica juga amb el factor sorpresa, cal fer-la en un instant i en casos estrictament necessaris. Consisteix en donar-se la volta quan hom és sostingut per peus i mans amb l'esquena cap a terra. En donar-se ràpidament la volta es cau a terra "de quatre potes" i es pot fugir. Si son quatre policies poden haver après a subjectar-te amb dues mans cada extremitat i dificultar el donar-te la volta.

- **"El tapís humà"**

  Consisteix en interrompre un pas o un accés, estirant-vos a terra per ocupar el major terreny possible i dificultar encara més el pas. Hom pot agafar-se els turmells fent una cadena. El cap ha de quedar fora de l'àrea de moviment de les cames dels altres companys/es, al costat de les seves cames.

  En cas d'evacuació es respon amb "la morta". Aquesta resistència es concep com una estratègia col·lectiva de bloqueig més que com una tècnica a practicar o "improvisar" individualment, pel que exigeix d'una preparació i assaig previ que tingui en compte l'espai físic a tancar.

Instruccions durant les mobilitzacions

Si s'arriba a les mobilitzacions ben informat/da, ben acompanyat/da, ben descansat/da, alimentat/da i hidratat/da, i amb la ment clara, es gaudirà més durant les accions. És important anar ben preparat/da a les accions i, en cas de problemes, mantenir la calma. Veiem algunes instruccions bàsiques:

- **Com s'ha de vestir**
  Calçat còmode, protector, que permeti córrer; roba que cobreixi la major part de la pell, que protegeixi del sol; protecció dels ulls, mocador per si cal cobrir la boca i els ulls, mullat en aigua; roba adequada al clima (impermeable o barret pel sol); roba neta en bossa de plàstic (per si cal); gorra per protegir-se del sol.

- **Què s'ha de portar**
  Molta aigua per beure; entrepans per recuperar energia; caramels o aliments energètics; identificació i/o informació de contacte per cas d'emergència; diners suficients (canvi o targetes) per comprar aliments, transport...; mòbil senzill sense dades per trucar per telèfon; o amb bona càmera per

documentar en forma visual els esdeveniments; protector solar de base aquosa o alcohòlica; inhalador, insulina o qualsevol altre medicament d'ús personal; compreses (millor que tampons) qui les necessiti.

- **Alguns errors que cal evitar**

  – No fer servir elements que puguin ser arrencats fàcilment (per exemple: arracades, cèrcols penjants o qualsevol altre tipus d'ornaments, corbates, cabells deixats anar...).

  – No assistir sol/sola a la manifestació. El millor és anar en grup d'afinitat, o amb amistats.

  – No deixar de dormir, menjar i beure molta aigua.

Pautes per a l'organització d'un servei d'ordre en actes pacífics

Consideracions prèvies

Cal distingir entre les **instruccions** que han de conèixer els **participants** en general, de la dels **membres del servei d'organització** i de la del **servei d'ordre.**

A l'hora de donar instruccions, d'aplicar tècniques, etc., cal distingir:

- El **tipus d'acció** (grans mobilitzacions testimonials; bloqueig d'autopistes, del parlament, de mitjans de comunicació; protecció de seus electorals, etc.).
- El **nombre de participants** (multitudinària o reduïda).

Qualsevol acció ha d'organitzar-se per evitar danys, el trencament de la mobilització i el pànic.

És important recalcar que els responsables de l'ordre públic no són el servei d'ordre propi, és la policia.

Els elements bàsics d'un servei d'ordre han de ser:

- Protegir els participants.
- Evitar provocacions de fora i de dins.
- No respondre a les provocacions.
- Aïllar els provocadors.
- Cridar a la tranquil·litat i la calma.
- Gravar imatges dels fets.

El servei d'ordre

Un servei d'ordre perquè sigui efectiu ha de tenir uns objectius clars i una selecció adequada dels membres que en formaran part, així com una logística prèvia.

- **Objectius**

El primer objectiu del servei d'ordre, davant qualsevol possible alteració, ha de ser la **prevenció.** A part dels integrants del servei d'ordre, els membres del servei d'organització han de fer d'antenes, estant atents per detectar qualsevol cosa sospitosa o anormal i alertar el servei d'ordre.

Les funcions d'un servei d'ordre en concentracions o manifestacions són:

1 **Assegurar que aquestes es desenvolupin seguint els criteris establerts** i sense alterar l'itinerari ni els objectius perseguits, amb tranquil·litat i en perfecte ordre en tota la seva durada.

   – Els integrants del servei d'ordre per aquesta funció poden ser **voluntaris amb instruccions** donades prèviament.

2 **Evitar i protegir els participants** davant possibles intimidacions, amenaces, provocacions o agressions procedents de grups contraris organitzats.

   – Els integrants del servei d'ordre per aquesta funció han de ser **voluntaris entrenats amb conceptes i pràctiques d'actuació específica.**

- **Selecció**

  Realitzar una invitació i **triatge dels components del servei d'ordre** amb el perfil i les característiques adequades: autocontrol, equilibri emocional, presència i resistència física, dots de lideratge, experiència, disciplina...

- **Equips**

  Formar **equips d'un mínim de deu** components amb característiques compensades i, dins el possible, cohesionat per veïnatge, coneixença o amistat. Un d'ells amb coneixements bàsics de primers auxilis. El propi grup pot escollir qui en serà la persona responsable.

- **Logística**

  Cada grup disposarà d'un **sistema de comunicació sense fils** (*walkie talkie* o mòbil) amb el centre del servei d'ordre, i d'un **megàfon** per poder donar instruccions als participants de l'acte en casos de desconcert, incidents greus o alarmes. I a més:

  – Els grups quedaran distribuïts dins el gruix de la concentració o manifestació en tot el recorregut, per tal d'acudir ràpidament (sense crear alarma) a un punt de conflicte. Per tant, el nombre necessari de grups dependrà de les dimensions de l'acte.

– Cal tenir un centre de coordinació del servei d'ordre, fix o mòbil.

– També cal comptar amb un servei d'assistència mèdica, amb personal i material per prestar primers auxilis a afectats per incidents, i disponibilitat de vehicles pel seu transport si fos necessari.

– Plantar un retent de servei d'ordre davant locals o centres de grups adversaris, mitjans de comunicació o institucionals. Enregistrar un testimoniatge visual del bon estat d'aquests indrets un cop acabat l'acte.

- **Actituds**

  Un cop detectat o rebut un avís d'incident, cal que el grup de servei d'ordre es desplaci al lloc **ràpidament, però tranquil·lament,** per no desencadenar involuntàriament por o alarma entre els participants.

  El primer objectiu d'una intervenció per **aturar una agressió** és protegir els agredits, aturar l'agressió i intentar calmar a uns i altres, i al mateix temps mirar de reduir la tensió i crispació de la situació. Per això s'han de controlar les emocions reactives, actuar de forma calmada i en silenci, però mostrant una actitud digna i serena, així com una ferma i inequívoca determinació d'acabar amb l'agressió.

Tipus d'incidents

Pel que fa als incidents que es poden produir abans, durant o després de la mobilització, cal estar ben atents perquè podrien sorgir tant des de dins com des de fora de la pròpia acció.

- **Camuflats dins dels actes:** persones o grups intenten desnaturalitzar o radicalitzar l'objectiu, tot exhibint ensenyes, pancartes, corejant eslògans i incitant a emprendre accions alienes o inconvenients a les definides en la convocatòria, amb la intenció de provocar conflictes o boicotejar els actes.

- **Des de fora dels actes:** grups de persones efectuen agressions puntuals als participants per tal de crear disturbis, mirant d'originar inseguretat i respostes inadequades dels agredits, contradient la voluntat i imatge pacífica que ha tingut fins ara la manifestació.

Respostes

Segons el tipus i característiques de l'incident, cal adequar la resposta amb les tècniques d'acció més adients.

- **Si hi ha provocacions:**

  – Si els provocadors s'han camuflat dins l'acció, cal crear un **cordó humà que els encercli deixant un buit al seu voltant,** seient i senyalant-los perquè quedin clarament al descobert. No increpar o dialogar amb ells, deixar que ho faci el cap de grup de servei d'ordre.

  – Mirar de desconcertar els provocadors, tot prenent iniciatives creatives: cantant, recitant, creant una situació còmica o absurda, picant de mans, aixecant o posant-se les mans al cap, botant, etc.

- **Si hi ha agressions:**

  – Normalment són realitzades des de la perifèria de l'acte. Per aquest motiu, cal fer el **cordó d'encerclament** per interposar-se entre els agressors i protegir els agredits. Però, un cop separats, cal obrir-lo en forma d'U per tal que els agressors tinguin una sortida per allunyar-se.

  – **Posar al descobert la identitat** personal i col·lectiva dels agressors, mirant d'arrancar-los caputxes, gorres, mocadors tapaboques, passamuntanyes... Fotografiar cares, tatuatges, detalls de vestimentes... Procurar que, de manera discreta, quedin testimoniatges gràfics i/o sonors de l'agressió i dels agressors.

– Col·laborar a **recuperar la calma** dels participants, perquè no es deixin portar per la por o per la irritació, evitant respostes amb agressions verbals o físiques, que comportaria seguir-los en el seu propòsit, que és incrementar la tensió, a fi de desviar l'atenció de l'objectiu reivindicat. Un bon recurs és encetar una cançó coneguda per relaxar i animar els participants.

Tècniques

El servei d'ordre ha d'establir **un cordó d'interposició** entre agressors i manifestants, tot mantenint la calma així:

- Agafats de la mà o amb els colzes entrellaçats, de cara als agressors, separats uns 40 cm, en silenci, expressió serena i mirada inexpressiva però d'inequívoca determinació.

- Sense agafar-se, però bastant junts, amb els braços mig aixecats, mans obertes i palmells de cara als agressors, separats uns 40 cm, en silenci, expressió serena i mirada inexpressiva però d'inequívoca determinació.

- Si agredeixen amb cops corporals o objectes, entomar-los d'esquena protegint la cara i el cap amb els braços, punys tancats a la base del crani i colzes plegats protegint les temples i la cara.

- El cap de grup és qui intentarà dialogar amb els agressors per mirar de calmar i aturar l'agressió.

Què fem amb els mitjans de comunicació?

S'ha de tenir en compte **la importància del que es publiqui** als mitjans de comunicació.

És per aquest fet que els que en són contraris cerquen o propicien contínuament imatges de disturbis o d'accions reprovables per difondre-les extensament, per tal de confirmar els pitjors estereotips que falsament puguin atribuir als que participin en actes, amb l'objectiu de desacreditar-los davant l'opinió pública, i erosionar l'ampla adhesió i recolzament popular, així com per justificar repressions de tota mena.

Alerta amb aquesta qüestió perquè actualment no es pot deixar perdre el "relat", tenint en compte la força que té la difusió a través de les xarxes socials.

Instruccions generals per als participants en actes pacífics

Actituds i comportament

Aquesta és una guia orientada a descriure quins criteris, actituds o comportaments convé que segueixin els participants poc coneixedors o poc experimentats en la realització d'accions de caràcter noviolent, que s'hauran d'emprendre segons les contingències que vagin sorgint en el transcurs de cada mobilització.

- **En situacions conflictives:**
  Previsiblement durant qualsevol tipus de mobilització es poden donar situacions conflictives amb persones o grups que tinguin posicions no favorables o manifestament contràries, amb qui caldria **mantenir una actitud i relació el màxim de respectuosa i democràtica possible,** i per tant en qualsevol circumstància, s'exclourà proferir expressions, crits o eslògans insultants, ofensius o injuriosos, així com, si es dona el cas, no es secundarà —o fins i tot es mirarà d'impedir— accions agressives contra ells, els seus símbols, pertinences.

  Per això, en totes les accions que es realitzin i puguin resultar conflictives és necessari mantenir un comportament irreprotxable. Factors com el control d'un mateix per superar situacions tenses, provocacions o la por que se'n derivi, i el manteniment de la disciplina noviolenta dels participants, són uns dels elements clau per assolir l'objectiu desitjat.

- **En situacions d'agressions violentes:**
  Enmig d'una acció o manifestació també és fàcil que davant de situacions d'agressions o incidents violents alguns dels seus participants cedeixin a la reacció d'enfrontar-se i no mantinguin el comportament noviolent acordat, sense tenir en compte que, si bé poden ser promoguts per participants arravatats de mena, sovint són accions promogudes per grups pretesament activistes radicals partidaris de la confrontació violenta, sense tenir en compte la desproporció de les forces, i que, amb la violència, guanya el més fort no el més just. També podrien ser provocadors camuflats, que pretenen generar aldarulls amb l'objectiu de desvirtuar o desacreditar el sentit i objectiu de l'acció i desviar l'atenció cap els possibles desordres.

En la convocatòria d'actes o accions en què es preveu que hi participarà un gran nombre de gent, és convenient assegurar que es desenvoluparan amb un comportament i disciplina exemplars. Per això cal tenir present que en molts casos és més important saber el que no s'ha de fer que el que sí que s'ha de fer (i com).

Directrius a seguir en actes o accions convocades

Són instruccions sobre com s'han de comportar els participants en actes o accions perquè aquestes mantinguin i remarquin el seu esperit noviolent i quedi ben entès el que s'espera de l'acció i dels participants. Això permet que un gran nombre de persones pugui participar en campanyes o accions noviolentes encara que no hi tingui gaire experiència.

Directrius per a manifestacions o concentracions

Davant de possibles, però poc probables, provocacions o agressions en una manifestació o concentració, cal seguir les **pautes** següents:

- Seguir les indicacions del servei d'ordre de la manifestació, o les directrius determinades prèviament.
- Conservar la calma, no perdre els nervis deixant-se portar per la por o per la irritació en situacions de molta tensió.
- No increpar, discutir o intentar dialogar amb els provocadors o agressors. Deixar que ho facin els responsables del servei d'ordre.

- No respondre a les agressions verbals o físiques, que comportaria seguir-los en el seu propòsit, que és incrementar la tensió a fi de desviar l'atenció de l'objectiu reivindicat.

- Mantenir una actitud de dignitat i serenor, que posi en evidència l'absurd de la provocació o de l'agressió en contrast amb l'actitud pacífica dels manifestants. Si cal, aturar-se, seure i restar en total silenci.

- Si els provocadors s'han camuflat dins l'acció, cal allunyar-se d'ells i crear un cercle vuit al seu voltant perquè quedin clarament al descobert, donant-los l'esquena o assenyalant-los com a mostra d'acusació i rebuig.

- Si hi ha un intent d'agressió mirar de desconcertar els provocadors o agressors, tot prenent iniciatives creatives: cantant, recitant, creant una situació còmica o absurda, picant de mans, asseient-se amb les mans al cap, estirant-se a terra, etc.

- Si l'agressió no s'atura, resistir el que es pugui però sense heroïcitats, tot evitant la dispersió del grup i, en la mesura que sigui possible, procurant que es mantingui unit i compacte i amb actitud serena. Si això no és possible, allunyar-se tranquil·lament per evitar una desbandada i el pànic que se'n podria derivar.

- Si hi ha un servei d'ordre o voluntaris que es vulguin interposar entre els manifestants i els agressors, acostar-se calmadament i plantar-se de cara davant seu mirant-los serenament, fins a quedar pràcticament enganxats a ells —cosa que els desconcerta i coacciona la seva acció— mentre es retiren els agredits. Després enretirar-se sense donar-los l'esquena i mantenint enllaçades les mirades.

- Desconfiar de les persones o grups que des de dins la manifestació despleguen pancartes, animen a corejar eslògans o inciten a emprendre accions que comporten radicalitzar els plantejaments, les actituds o el to definits en la convocatòria de la manifestació, ja que segurament són elements infiltrats que pretenen rebentar-la.

- Procurar que quedin registrats el major nombre possible de testimonis gràfics i sonors de l'agressió i dels agressors, perquè si això se'ls fa evident té un efecte dissuasiu.

Directrius davant situacions crítiques

Davant de situacions crítiques, possibles però poc probables, derivades d'actuacions extremes preses per estaments estatals, cal mantenir una actitud calmada, perquè **el que menys convé en aquests moments de confusió és emprendre accions**

unilaterals arrauxades i improvisades que puguin resultar inconvenients als objectius de l'acció.

Caldrà passar a una disposició activa, en el moment que siguin donades de manera clara indicacions precises per part d'institucions o entitats de total solvència. En cap cas és convenient seguir, o inclús cal rebutjar, plantejaments i propostes de dubtosa procedència o intenció, que aplicant criteris de bona lògica o de sentit comú es percebin com a exacerbades o contraproduents per estar fora de la línia pacífica o estratègica seguida dins la campanya.

4

Què fer en cas d'una agressió armada

Mentre els Estats i les societats només preparin la defensa armada i la guerra, i no organitzin una defensa noviolenta dissuasiva, estaran abocats a l'extermini i no es donaran cap oportunitat per fer les paus.

Ja ens ho trobarem

Si la gestació és fruit d'una violació, ja ens ho trobarem!

Si en l'embaràs la mare no està cuidada,
si el naixement ha estat violent,
si el nadó no se sent estimat, ja ens ho trobarem!

Si l'infant no està ben nodrit,
si pares i mares han de treballar molt i estan sempre ocupats,
si els mestres i educadors no són els millors, ja ens ho trobarem!

Si les pantalles creen patrons sexistes i violents,
si l'educació és menys important que la repressió,
si no tenim cura les unes de les altres, ja ens ho trobarem!

Si per ser dona el món et tanca portes,
si la por a la violència masclista t'acompanya,
si no aturem els feminicidis i les homofòbies, ja ens ho trobarem!

Si ens enganxem a substàncies i begudes,
si ens deixem caure en la inconsciència,
si embogim amb la velocitat, ja ens ho trobarem!

Si només vivim per treballar i per tenir,
si treballant molt i dur no podem tenir una llar,
si l'acumulació d'uns força la migració de molts, ja ens ho trobarem!

Si acceptem i accentuem els desequilibris,
si cada vegada som més i amb una major inequitat,
si apliquem dobles vares de mesura, ja ens ho trobarem!

Si creiem ser el centre de la vida, com ho fórem de l'Univers,
si fem tot el que fem per viure avui tot matant el demà,
si convertim la Terra en un planeta inhabitable, ja ens ho trobarem!

Si encara creiem que les guerres són inevitables,
si acceptem que la mort i la destrucció portaran la pau,
si ens sentim protegits pel gran pistoler, ja ens ho trobarem!

Si la cohesió nacional es basa en la por a l'enemic,
si acceptem les massacres en nom de la legítima defensa,
si confonem defensa de la vida amb defensa militar, ja ens ho trobarem!

Si deixem que el dret humanitari internacional sigui menyspreat,
si acceptem, per tant, que la llei del més violent s'imposi,
si el nostre silenci i passivitat ens en fa còmplices, ja ens ho trobarem!

Si acceptem lleis injustes i jutges corruptes,
si ens desentenem dels afers públics i la política,
si ens tornem addictes als entreteniments, ja ens ho trobarem!

Si volem créixer en poder i riquesa sense límits,
si no cultivem l'empatia, l'harmonia i la compassió,
si no valorem la pluralitat i la diversitat, ja ens ho trobarem!

Si creiem que no hi ha res a fer,
si qualsevol paraula, gest o acció són inútils,
si és més segur no ficar-se en embolics, ja ens ho trobarem!

24/11/2023

Aquest apartat recopila i endreça estratègies, tàctiques i tècniques noviolentes aplicades en experiències de resistència per enfrontar invasions i ocupacions armades.

Ens plantegem com actuar des de la perspectiva de l'AutoDefensa Noviolenta davant dos tipus d'agressions:

- Enfront les agressions contra la gent i la biosfera **(violència estructural).**
- Enfront les agressions, invasions i ocupacions armades **(violència directa).**

En els dos casos, cal aplicar **l'estratègia de lluita noviolenta** en cada agressió, local o general, desarmada o armada, adaptada al grau i tipus de violència, a la gravetat o urgència de l'agressió, estratègia que consisteix en:

1 **Diàleg** per intentar entendre el conflicte, els motius de l'agressió i mirar de convèncer els agressors (soldats, policies, civils armats, periodistes, empreses, població...) de l'engany que poden estar patint.

2 **Denúncia** en cas que el diàleg ja no doni fruits, denúncia per posar en evidència l'agressió i les seves justificacions, tot obrint sempre la porta a soscavar la moral de l'agressor que, per tant, no ha de sentir-se amenaçat en la seva integritat individual pels qui fan la denúncia.

3 **No cooperació** en cas que la denúncia no hagi aconseguit aturar l'agressió: cal impedir que l'invasor tregui de l'agressió cap profit (ni polític, ni econòmic, ni moral...). Quan més clara sigui la no cooperació, la no col·laboració amb l'ocupant i els seus interessos, més fort serà l'impacte i els dubtes en les seves forces armades i en la societat d'origen sobre les causes reals de l'agressió.

4 **Desobediència civil** en cas que la no cooperació no aconsegueixi la retirada de l'ocupant, la desobediència noviolenta per part de la població en acatar ordres, lleis, normes.. injustes i, fins i tot, les que serien "justes" en temps

normals, ha de fer trontollar els suports i els pilars de poder que sustenten els qui han emprès l'agressió.

5 **Creació d'alternatives:** en paral·lel a les altres campanyes, cal organitzar i fer funcionar la vida social, econòmica, política, comunicativa (pública o clandestina) de manera que l'ocupant vegi que la societat ocupada funciona internament i resisteix al marge dels seus intents de control i d'imposició.

La Defensa Noviolenta

L'organització d'una defensa noviolenta pot provenir de diferents iniciatives, i segons qui la impulsi parlem de:

- **Iniciativa ciutadana:** la gent que rebutja l'agressió s'organitza sense esperar la implicació governamental, o fins, i tot, enfrontant-s'hi, en funció del paper còmplice que pugui tenir (AutoDefensa Civil Noviolenta).

- **Iniciativa governamental:** en poques ocasions són els governs qui han organitzat la defensa noviolenta; quan ho han fet, recolzant o organitzant la resposta ciutadana, l'impacte ha estat molt major (Defensa Oficial Noviolenta).

- **Iniciativa conjunta ciutadana-governamental:** pot ser la millor resposta, però només es podrà donar si el govern no compta prioritàriament amb la defensa armada, ans confia, en canvi, en la implicació activa de la ciutadania; però aquesta implicació només es podrà donar si el govern ha vetllat prèviament per una forta cohesió social i una organització i entrenament de la ciutadania en defensa civil noviolenta.

Segons Gonzalo Arias, traductor a organismes internacionals com Nacions Unides i la Unesco, i pioner de la noviolència a Espanya, la Defensa Noviolenta es basa en dues idees insòlites i disruptives:

1 **No es tracta tant de defensar el territori com de defensar el funcionament de la societat i les seves institucions.** La defensa armada es basa en la defensa de les fronteres; si l'enemic ocupa el territori, tot està perdut. En canvi, per a la defensa noviolenta el territori no és tan important, la veritable lluita comença quan l'enemic ha entrat: cal evitar deixar a les seves mans el govern i el control del país.

2 **L'arma principal és la desobediència organitzada.** Primer, per tant, cal contraeducar tant els funcionaris i dirigents públics com la ciutadania perquè tinguin el coratge de dir "no" als que volen donar ordres amb una arma a la mà.

Poden haver-hi morts, la defensa noviolenta no és un joc d'infants ni una garantia d'èxit –com tampoc no ho és la defensa armada– però, en general, correrà menys sang que en qualsevol resistència armada que serà qualificada de "terrorista" per l'agressor i reprimida com a tal.

Per què la necessitem?

La Defensa Noviolenta és el **rebuig de tot un poble a col·laborar amb un poder ocupant.** I per això necessitem formació en lluita noviolenta i evolució de les mentalitats:

- Podem dir que no abandonem les armes de defensa, les canviem amb la força noviolenta del poble!

- La població aprèn a defensar-se altrament, amb actituds i accions que prenen la iniciativa. La lluita noviolenta porta la imaginació al poder.

- Una defensa noviolenta es desmarca del pacifisme, que considera que els exèrcits i les armes són les causes de la guerra i que eliminar-les seria condició suficient per a la pau.

- No n'hi ha prou de dir "no a la guerra", cal crear alternatives de seguretat i defensa efectives.

– El desarmament no és suficient, cal avançar cap al transarmament noviolent amb **comunicació, desobediència civil i testimoni personal.**

Resistència i defensa enfront una agressió armada

Lituània fa uns anys reintroduí la defensa civil en l'estratègia de defensa nacional, tot destacant el rol de les institucions estatals, els serveis d'emergència, les forces de seguretat, incloses les mesures per augmentar la seguretat de la població en cas de conflicte armat. El **Ministeri de Defensa Nacional de Lituània** publicà el gener 2015 un *Manual sobre com preparar-se per a situacions d'emergència i guerra.*[1]

Aquest manual ofereix detalls sobre **les accions que els civils poden emprendre per, entre d'altres, desafiar l'agressió externa sense armes.**

Recomana exercicis d'entrenament —el que podríem anomenar jocs de guerra noviolents— per preparar i practicar la implementació d'aquestes mesures. Com en tot, com més gran és la comprensió de les accions noviolentes entre una població general més ben preparada està la gent per utilitzar-les.

[1] Vegeu *Prepare to survive Lituania*, 2015: https://lluitanoviolenta.cat/recurs/prepare-survive-emergencies-and-war-cheerful-take-serious-recommendations.

Inspirats en aquest exemple de Lituània, apleguem aquí recomanacions de diverses resistències civils a invasions (Dinamarca, Txecoslovàquia) i les adaptem a la nostra realitat.

Ja sabem que molts d'aquests exemples històrics de resistència i defensa civil han estat improvisats davant la impossibilitat d'enfrontar-se militarment a una força armada molt superior i amb l'objectiu d'evitar el màxim de morts, de ferits i de destrucció. L'èxit, sempre relatiu i temporal, ha estat major quan govern i població han sumat capacitats per fer front a la invasió i a l'ocupació.

En la defensa civil, tota la societat —no sols els homes joves— esdevé una força de lluita noviolenta. Però l'èxit també ha estat més probable, quan la conjuntura internacional ha fet que la resistència comptés amb el suport d'Estats influents que l'han reconegut o recolzat.[2]

En general, **la defensa civil té més possibilitats d'aconseguir la simpatia, la solidaritat i l'ajuda tècnica i econòmica internacionals que la resistència violenta.** I, per tant, l'assistència internacional a la defensa civil sovint pot mobilitzar milions de persones a l'estranger.

En la defensa civil noviolenta ideal, tota la població incloses les seves institucions, xarxes i agrupacions formals i informals,

---

[2] Vegeu les conclusions del recent informe *Estratègies i tàctiques de moviments de desobediència civil no-violenta. Estudi comparatiu*, a https://cataloniaglobal.cat/wp-content/uploads/2023/12/report-cgi-7-cat-.pdf.

formen part de la força de resistència i defensa. Aquesta força a més del desplegament d'estratègies de comunicació i d'operacions psicològiques, fa una guerra quotidiana de no cooperació i desobediència dirigida contra l'agressor en tots els àmbits de la vida social, política, econòmica i cultural.

La no cooperació total pretén que qualsevol invasió o, posterior ocupació, sigui insostenible a llarg termini per a l'atacant. La defensa civil pretén **augmentar els costos per a l'invasor, sacsejar la lleialtat de les seves tropes,** els seus partidaris interns crucials i el seu públic en general, alhora que vol i necessita **millorar la cohesió interna,** la solidaritat i l'autoorganització de la societat resistents que es defensa.

En el seu nucli essencial, la defensa civil noviolenta és una **lluita política realitzada amb mitjans polítics, socials, econòmics, culturals...** A través de xarxes locals i nacionals de civils, xarxes flexibles però integrades, que poden mobilitzar centenars de milers o milions de persones per fer accions contra l'agressor dins d'una lluita **noviolenta disciplinada, autoorganitzada, àgil i flexible.**

Tàctiques

El **repertori de les tàctiques noviolentes està en contínua expansió** i és una mostra de l'enginy i la creativitat dels activistes de tot el món. Cada mètode ofereix una visió sobre la perseverança i resiliència de les persones davant de la repressió, cosa que demostra no només un impuls per lluitar pels drets, la llibertat i la justícia, sinó també la necessitat d'innovació i adaptació en encapçalar lluites de resistència.

En la història dels conflictes armats violents estem redescobrint exemples encoratjadors i sorprenents de defensa civil i de resistència noviolenta contra adversaris estrangers militarment molt més poderosos. L'adversari invasor, que basa la seva fortalesa en la violència militar, prefereix enfrontar-se als defensors batallant amb armes letals on sap que té un clar avantatge sobre el contrincant.

L'invasor un cop desafiat amb la resposta asimètrica de les accions noviolentes massives de desobediència i no cooperació, dubta i ha de reaccionar improvisadament als esdeveniments en lloc de poder portar la iniciativa: perd un temps i uns recursos preciosos en haver d'ajustar tàctiques i estratègies al camp de batalla polític i econòmic menys favorable i gens habitual per als militars.

Què podem fer?

Cal saber què podem fer **en cas d'una amenaça** a la sobirania, al sistema constitucional, la identitat nacional i cultural, la integritat territorial, la independència política o la seguretat... que pot incloure atacs militars al territori o als seus vaixells o avions, intents de cop d'estat, atacs terroristes organitzats, canvis inconstitucionals de govern, coacció econòmica o política per part d'altres governs...

Estem convençuts que en hores decisives com les descrites, qualsevol país ja només té una efectiva i invencible arma: la de la **lluita noviolenta**, de **l'autocontrol de les persones** i de la **resistència tranquil·la.**

Cal que tota la gent del país, la joventut en particular, que és més conscient, resisteixi les provocacions de les forces que ens volen agredir, per **abstenir-se de qualsevol acte de resistència física** contra l'enemic.

En aquests casos d'agressió, la població queda autoconvocada a fer-hi front amb les capacitats i tècniques de la defensa civil noviolenta. Les agrupacions d'AutoDefensa Noviolenta han d'haver preparat plans d'acció en cas que arribi el dia "I" d'invasió o el dia "A" d'alliberament. Millor si el nostre Govern i els governs municipals també s'hi han preparat.

Conèixer les modalitats i principis bàsics de la resistència civil ens fa forts i utilitzar-los ens ha de permetre aturar l'agressor. Es tracta de l'ús de **qualsevol de les tàctiques noviolentes** en funció de cada situació o fase de l'agressió: **invasió o ocupació.**

Vegem amb més detall quins compromisos podem adquirir com a membres d'una ciutadania noviolenta.

Perill d'agressió o invasió

En cas de perill d'agressió o invasió ens comprometem a:

1 **Adherir-nos als principis, actituds i tàctiques de la lluita noviolenta,** que inclou la no cooperació i la desobediència amb les forces d'ocupació.

2 **Exigir,** fins que no es restableixi la independència, **a tots els partits polítics i organitzacions que s'oposen a la invasió o ocupació, s'abstinguin de baralles polítiques internes** i s'orientin a perseguir l'objectiu comú, la fi de l'agressió.

3 Reclamar a les institucions públiques, els representants polítics, les organitzacions socials i persones activistes que, com a primer pas, **no donin ni facilitin el traspàs de competències a les forces d'ocupació.**

I, més en concret, el compromís abasta:

– **No donar suport als esforços dels ocupants** i dels seus col·laboradors **per crear una base constitucional de la seva autoritat.**

– **No participar** en referèndums, concentracions, manifestacions, reunions i celebracions organitzades per les autoritats d'ocupació.

- **No col·laborar amb l'autoritat militar d'ocupació,** no obeir ordres dels invasors ni dels col·laboracionistes, com tampoc donar-los-hi cap informació.

- **Resistir totes les provocacions** i manipulacions de desinformació.

- **No donar suport a la premsa dels ocupants** i col·laboradors i emprar la premsa i canals de comunicació propis, si cal, clandestins.

- **Fer vídeos de les accions agressives** de les forces enemigues i utilitzar els mitjans disponibles (per exemple, internet) per transferir-los a mitjans de comunicació internacionals.

- **Demanar als responsables i forces de l'ordre públic** pròpies que no recolzin l'ordenament jurídic imposat.

- **Recordar que només les lleis pròpies són vàlides** i que cap ciutadà no ha de ser acusat d'un delicte contra la llei de l'ocupant.

- **Portar registre dels delictes comesos** per les forces d'ocupació i els col·laboradors: fets de violència, detencions, saqueig i destrucció de béns estatals, socials i personals.

- **Resistir a la imposició de la cultura, la llengua i l'educació** de l'agressor.

- **Utilitzar tots els mitjans disponibles per informar la societat de l'Estat agressor** sobre els delictes penals i l'agressió que cometen les seves personalitats polítiques, líders, caps o govern; difondre informació sobre la situació real (mitjançant correu electrònic, xarxes socials o mitjans de comunicació internacionals), així com directament en persona.

- **Donar suport moral i material a les víctimes de la repressió** infringida per les autoritats d'ocupació. Prestar assistència a les persones ferides per violència física o psíquica.

- Aprofitar qualsevol oportunitat **per exigir la restauració incondicional de l'activitat democràtica** de les institucions electes pròpies.

En cas d'invasió

Per contrarestar la invasió, cal que la ciutadania s'hagi preparat i entrenat. Cal haver construït solidaritat cívica, cohesió social i organització amb disciplina de la resistència noviolenta per aconseguir tres fites:

1 **Impedir o retardar que l'adversari assoleixi els seus objectius immediats.**

Si tenim l'oportunitat de fer-ho, participem en:

- **Bloquejar** vies de ferrocarril, artèries viàries, ports o aeroports per frenar els avenços de l'adversari.

- **La mobilització de milers d'automòbils,** camions, autobusos... per obstruir el transport i la circulació de l'adversari i poder arribar als pobles amb informació i ajuda.

- **El desplegament ràpid** de persones desarmades per fer "murs humans" que defensin edificis d'administracions públiques, centres de comunicacions i infraestructures vitals.

2 **Soscavar la capacitat de l'adversari de continuar la seva invasió.**

Si tenim l'oportunitat de fer-ho:

- **Parlem amb els soldats enemics** perquè comprovin que ens oposem a la propaganda dels seus comandants, però que no els hi volem causar cap dany com a individus; conversem amb els soldats per explicar-los l'engany que pateixen.

- **Convidem-los a fer objecció de consciència, a desertar, a desobeir** o a recolzar la resistència civil.

- **Repartim contrainformacions als invasors** (fulletons i premsa clandestina, missatges a xarxes...)

Quan aquest acostament per desmoralitzar la tropa invasora comenci a no tenir més efecte, si tenim l'oportunitat de fer-ho, **seguim les convocatòries de:**

- **Quedar-se tothom a casa** per "rebre" els invasors amb els carrers i edificis buits.

- **Repartir fulletons i premsa clandestina** amb consignes per a la població.

- **Distribuir informacions sobre la resistència civil** en portals web i xarxes.

- **No caure en les provocacions de disturbis instigats** per l'invasor.

3 Provocar l'afebliment moral de les bases de l'adversari.

Amb l'objectiu final d'augmentar el malestar i, finalment, una oposició oberta de la població a les accions del seu govern a l'exterior, busquem participar en:

- **Accions de crear confiança i fraternització entre locals envaïts i soldats** de la tropa invasora per contrarestar la guerra de propaganda de l'adversari i reduir la distància social entre la població d'ambdós bàndols.

- **Generar desafecció, dissidència interna i desercions massives entre les tropes** i els aliats de l'adversari, incloses organitzacions empresarials, religioses i culturals, així com en les seves famílies.

- **Mantenir la disciplina noviolenta entre la població atacada,** ja que l'afebliment moral de l'adversari és més fàcil d'aconseguir en la mesura que l'absència de violència contra l'agressor li fa molt més difícil justificar el seu vilipendi a la població atacada i aconseguir el suport propi intern de l'agressió a l'exterior.

  Alerta: 1) Quan la resistència esdevé violenta, els ocupants s'alleugen perquè saben com actuar. 2) Quan les formes noviolentes es barregen amb l'acció guerrillera (que l'ocupant titllarà de "terrorista") i així podrà justificar l'acció repressiva dràstica i cruenta contra ambdues formes de resistència, alhora, violenta i noviolenta.

En cas d'ocupació

Què podem fer davant les forces militars de l'agressor, establert temporalment als nostres barris i amb els seus militars o funcionaris com autoritat ocupant? Cal recórrer als modes de resistència civil per evitar que l'agressor s'hi estableixi. Bàsicament es tracta de fomentar la no cooperació organitzada, inclosos els boicots, i les campanyes de desobediència, amb quatre objectius: 1) aïllar les forces d'ocupació, 2) fer-la inviable, 3) mostrar desafecció, i 4) intentar enfortir el funcionament democràtic.

1 Aïllar les forces d'ocupació, no ajudar els ocupants de cap manera.

Organitzem-nos perquè la població pugui:

- Participar en vagues de fam i de "braços caiguts", tot obstruint el funcionament normal.
- No reconèixer les preteses institucions ocupants i no participar-hi.
- Portar símbols nacionals que mostrin la dignitat enfront l'ocupant.

- Ignorar el toc de queda o qualsevol norma restrictiva.
- Evitar prendre part en esdeveniments socials i polítics importants per a l'adversari.
- Presentar dimissions massives en les administracions usurpades si ja no s'hi pot fer res amb llibertat.
- Negar-se a "entendre" instruccions del govern usurpador i a implementar-les amb eficàcia.
- Canviar o retirar els rètols dels carrers per confondre les forces d'ocupació (cal veure, fins i tot, com confondre les *apps* amb sistemes de geolocalització, mapes, etc.).

2 Fer inviable i poc rendible l'ocupació.

Quan l'ocupant topa amb una no cooperació en sectors clau de la societat i de l'economia ha **d'enfrontar costos enormes per substituir amb personal propi la feina** que la no cooperació està deixant de fer; això provoca que deixi de ser-li econòmicament rendible.

Així, sempre que puguem:

- Deixem de treballar per a les empreses de l'ocupant.
- Fem malament la feina per a les empreses de l'ocupant.
- Treballem-hi lentament.
- Destruïm màquines i eines importants.
- *Desarmem* (sabotegem) infraestructures i instal·lacions clau sense causar víctimes.

- Destruïm tot allò que pugui aportar guanys a l'ocupant.
- Alentim tots els transport que utilitzi l'ocupant.
- Boicotegem tot els productes, també culturals, de l'ocupant.
- No comprem, fem boicot, a les botigues i cadenes de l'ocupant.
- Participem en ciberatacs als sistemes d'informació de l'agressor o invasor en cas que la connexió a internet encara estigui disponible enmig del conflicte armat.
- Alentim les compres amb consums minsos per reduir vendes de les empreses de l'ocupant.
- Aïllem socialment els qui col·laborin amb l'ocupant.
- Protegim qualsevol persona perseguida per l'ocupant.

3 Mostrar desafecció a tot soldat o funcionari ocupant que ens demani alguna cosa.

Es tracta de respondre amb paraules o fets:

- No ho sé.
- No t'importa.
- No en tinc.
- No sé com fer-ho.
- No te'n dono.
- No ho puc fer.
- No et venc res.

- No et mostro res.
- No dic res.
- No faig res.

4 Tenir cura i enfortir el propi funcionament democràtic de la societat ocupada.

Sempre que puguem:

- Bastim o enfortim xarxes d'ajuda mútua.
- Oferim refugi i suport a les persones desplaçades per la força.
- Facilitem la fugida de les persones més vulnerables cap a zones més segures.
- Mantinguem i enfortim canals de deliberació i decisió ciutadans (sociocràcia)
- Enfortim canals d'informació i comunicació contrastada i evitem rumors.
- Enfortim la formació i entrenament de la població en la defensa noviolenta.
- Treballem i emprenguem amb ganes per ajudar el país i per evitar el caos i la fam.
- Ajudem a preservar els arxius, del període de resistència en particular, que tenen valor històric nacional.

Retorn de refugiats a territoris ocupats

En el món hi ha els casos de poblacions que han estat ocupades i, per evitar el genocidi, s'han hagut d'exiliar o de refugiar en un altre territori. Hi pot haver una via de retorn que pugui generar empatia internacional i que creï un dilema a la força ocupant?

En alguns conflictes, la població ha estat expulsada de la seva terra i les forces ocupants volen normalitzar l'ocupació invocant la històrica sobirania sobre la mateixa, però sobretot controlant el territori amb la colonització (murs, construcció d'assentament, de cases, de zones productives... que passen a ser dels colons).

La població expulsada, que malviu com a refugiada, a mesura que passen els anys o bé perd l'esperança del retorn o bé intenta fer valdre els seus drets amb els recurs a les armes, via exèrcit convencional o via milícies o guerrilles. Quan aquestes forces armades "alliberadores" provoquen baixes entre els soldats o els civils ocupants, sigui declarant la guerra o fent ràtzies, fàcilment l'Estat ocupant les titlla de "terroristes" i, en funció dels suports internacionals, les potències aliades invoquen el dret de defensa de l'Estat ocupant i no el del poble ocupat!

El conflicte acostuma a ser asimètric. L'Estat ocupant té molta més capacitat militar que els resistents ocupats. Per tant, les seves accions armades no pretenen recuperar el territori perdut, sinó sobretot cridar l'atenció internacional sobre el greuge que estan patint, i, sovint, provocar una reacció desmesurada de l'Estat ocupant amb l'objectiu d'atraure simpaties internacionals davant les atrocitats infringides i variar, si és possible, la correlació de forces que li donen suport.

Ens preguntem:

Si aquests són els objectius, **de debò que el recurs a les accions contra soldats i civils ocupants afavoreix aquests objectius?**

Hi hauria una altra via que suscités el màxim d'empatia internacional i que reduís la condemna a l'acció violenta?

Val a dir que les accions armades "desesperades" per fer emergir un conflicte que s'està amagant acostumen a produir víctimes entre els combatents i entre la seva població, que serà durament castigada. En general, combatents i població que viuen llargament una injustícia reconeguda pel dret i les institucions internacionals, no tenen molt a perdre i una part d'ells estan disposats a donar la vida per la seva causa.

Tenint en compte totes aquestes circumstàncies, **podem imaginar una acció que tingui objectius semblants als perseguits per l'acció armada, fins i tot amb un risc semblant, però que no quedi "embrutada" i condemnada per la sang que provoca?**

Es podria plantejar aquesta acció si hi hagués una part de la població ocupada amb mentalitat militant, especialment no identificable amb "joves" combatents, que estigués disposada a emprendre una acció, amb risc, però una acció nítida, valenta, sense interpretacions manipulables ni acusacions fàcils...

Podem imaginar una marxa de la llibertat, una marxa del retorn, una marxa multitudinària de població civil de totes les edats i condició,[3] que creua el mur, encapçalada lliurement per les persones més "vulnerables", que pateixen més els efectes de la guerra?

Una marxa pacífica, noviolenta, que no amenaça la vida de cap soldat ni de cap civil ocupant, que mostra nítidament a tot el món la voluntat de recuperar les terres ocupades, de retornar a les cases d'on van ser expulsats; amb les mans enlaire mostren les claus de les cases que van haver d'abandonar... que busquen crear condicions per trobar una sortida digna per a totes les parts?

Dilema: amb cobertura mediàtica assegurada... si l'ocupant s'atreveix a disparar haurà perdut la batalla! I si no dispara, també!

Uns quants dels participants han d'estar disposats a morir perquè si els ocupants comencen a disparar la resta hauran de mantenir-se ferms.

Per a molta gent, en la lluita armada li sembla valent i necessari morir matant. Morir sense matar és, a més de valent, potser més intel·ligent:

- La **lluita armada** comença quan hi ha persones disposades **a morir matant.**
- La **lluita noviolenta** comença quan hi ha persones disposades **a morir sense matar.**

La resta és entrenament (som aprenents) o "guerrillers" de saló.

---

[3] Algunes referències són la Marxa de la Sal de Gandhi, la proposta de Gonzalo Arias del 2005 pels Sahrauís amb una "contra" Marxa Verda del Marroc.

Abans de tancar aquesta edició ens ha arribat un interessant llibre de World BEYOND War amb el títol *Un sistema global de seguretat: una alternativa a la guerra*, que emmarca les propostes plantejades en aquest Manual.

El podeu trobar en anglès, castellà i un resum en català a https://lluitanoviolenta.cat/recurs/lagss-global-security-system-alternative-war.

Annex. Documents de la República de Lituània

Extractes de **Nonviolence Resistance in Lithuania, 1997**
Disponible també en català a:
https://lluitanoviolenta.cat/recurs/nonviolent-resistance-lithuania.

Crida al poble de Lituània

Govern de la República de Lituània. 2 de febrer de 1991
L'agressió estrangera contra l'Estat lituà i la nació lituana continua.

El comportament de les tropes soviètiques pot tornar-se més descarat, cruel i provocador.

Estem convençuts que en aquest període decisiu de prova, Lituània només té una efectiva arma invencible, expressió de la nostra cultura bàltica i cristiana: la de la protesta noviolenta, de l'autocontrol de les persones i de la resistència tranquil·la.

Fem una crida a tota la gent del país, a la joventut en particular que és més conscient de la injustícia, i instem a tothom a resistir les provocacions de les tropes estrangeres, per abstenir-se de qualsevol acte de resistència física desitjat per l'enemic. Nosaltres guanyarem mantenint l'honor de l'Estat lituà davant la comunitat mundial de nacions.

Llei de bases de la seguretat nacional [extractes]

Núm. VIII-49. Aprovada el 19 de desembre de 1996. Vílnius

Capítol 7. Quarta secció
Resistència civil

El poder de la resistència civil està determinat per la voluntat de la Nació i l'autodeterminació de lluitar per la seva pròpia llibertat, amb la determinació de cada ciutadà, independentment de l'edat i la professió, de resistir l'agressor o invasor per tots els mitjans possibles i contribuir a la defensa de Lituània.

El sistema de preparació dels ciutadans per a la resistència civil s'elevarà a l'àmbit nacional. El seu funcionament serà organitzat pel Govern. Els ciutadans s'han de formar periòdicament en diferents mitjans de resistència i defensa civils. L'Estat els facilitarà els mitjans tècnics necessaris.

El foment del patriotisme, la instrucció en els mitjans de resistència i la formació en les habilitats de la resistència ha de ser una part constitutiva del programa d'educació escolar obligatòria.

L'Estat donarà suport a les organitzacions públiques autogestionades, que contribuiran als preparatius per a la resistència civil i l'enfortiment de la capacitat de defensa.

En cas d'assalt o intent de violació de la integritat territorial de Lituània o del seu ordre constitucional, els ciutadans i les seves estructures autogestionades han d'emprendre accions de caràcter civil de defensa: resistència noviolenta, desobediència i no col·laboració amb l'administració il·legal (així com de resistència armada).

Els actes de col·laboració i responsabilitat dels mateixos s'han de fixar per la llei.

Capítol 14. Tercer apartat

El Centre Estatal de Formació de Resistència Civil serà creat pel Govern. El propòsit del Centre ha de ser formar i preparar la ciutadania per a la resistència i defensa civil individual i organitzada, directament i mitjançant la coordinació de les activitats d'altres institucions.

Tractat de cooperació en defensa basada en mitjans civils entre Lituània, Letònia i Estònia

Esborrany. 24 d'abril de 1995 [extractes]

Del preàmbul:

Reconeixem el paper vital de la resistència noviolenta organitzada en la defensa i seguretat de les nostres societats, conscients de les importants contribucions de **l'assistència no militar** internacional per reforçar el sistema de defensa de cada país, havent conclòs tenir la voluntat de cooperació en l'aplicació de mesures de defensa civil, per tant, acordem:

Article 2

1. Les Parts, com a part dels seus esforços individuals i col·lectius per mantenir i desenvolupar la seva capacitat de resistir atacs militars i agressions internes, acorden adoptar la defensa basada en mitjans civils com a element integral dels seus sistemes de defensa.
2. En aquest tractat, la defensa basada en mitjans civils significarà planejar i organitzar l'ús de mètodes socials, econòmics, polítics i psicològics de defensa per part d'òrgans estatals, socials, d'institucions i de la població en general, per tal d'evitar el control polític per part d'agressors

estrangers i d'usurpadors interns. Sobre la base d'una àmplia preparació i formació, els òrgans estatals, socials, les institucions i els individus han de resistir l'agressió mitjançant la coordinació de campanyes de masses de no cooperació i desafiament noviolentes.

3. Les Parts acorden dedicar els recursos necessaris per al desenvolupament i implementació de defensa basada en mitjans civils.

Article 5

(La cooperació s'activarà enfront qualsevol) amenaça a la sobirania, al sistema constitucional, a la identitat nacional i cultural, la integritat territorial, la independència política o la seguretat d'una o més de les Parts, que inclou atacs militars al territori de qualsevol de les Parts o als seus vaixells o avions, intents de cop d'estat, atacs terroristes organitzats, canvis de govern inconstitucionals, coacció econòmica o política per part d'altres governs, i altres circumstàncies a definir per les Parts.

Altres títols publicats

El imperativo relacional Recursos para un mundo al límite
Kenneth J. Gergen

El imperativo relacional Recursos para un mundo al límite
Kenneth J. Gergen

Ideología y opiniones Estudios de psicología retórica
Michael Billig

Empremtes d'una guerra. Portbou • Colera • Cervera, 1936-1939
Enric Milà i Caixàs

Miradas sobre la educación a lo largo de la vida
Àngel Marzo Guarinos, Graça dos Santos Costa

Una partida de ajedrez
Stefan Zweig

El Falansterio
Charles Fourier

El planeta del foc
Martí Olivella Solé

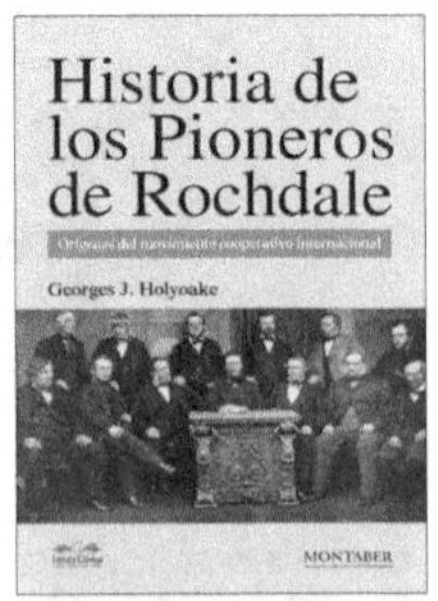

Historia de los Pioneros de Rochdale
Georges Jacob Holyoake

Gràfica cooperativa a Barcelona. Iconografia del cooperativisme obrer (1875-1939)
Marc Dalmau

En guerra per la vida. Crisi climàtica i transformació social
Josep Cabayol i Virallonga

AutoDefensa Noviolenta (#ADNcat) en 100 missatges i una història increïble
Martí Olivella Solé

El entramado
Christian Ferrer

Los estudios culturales
Fredric Jameson

El fin de las pequeñas historias
Eduardo Grüner

La cooperación entre el alumnado
Sylvain Connac

Cerebro, inteligencias y mapas mentales
Zoraida G. de Montes, Laura Montes G.

Apocalipsis
Karl Kraus

www.ingramcontent.com/pod-product-compliance
Lightning Source LLC
LaVergne TN
LVHW010104170826
845678LV00012B/2243

* 9 7 8 8 4 1 9 1 0 9 9 2 7 *